BIOGRAPHIE

DE

L'abbé RAYNAL (Guillaume-Thomas),

Par M. B. LUNET.

L'abbé RAYNAL. (Guillaume-Thomas) [1]

I.

A ce nom, je le crains, bien des haines mal éteintes vont se ranimer ; bien des passions assoupies se réveiller. Honte à l'infâme! dira l'un : gloire au grand homme! s'écriera l'autre. — Honte et gloire! nous empresserons-nous de dire avec le sentiment d'une conviction profonde, acceptant, de grand cœur, la chance d'être en butte au feu croisé des deux opinions rivales, comme tous ceux qui prennent des positions intermédiaires.

J'ajoute à ce commencement de profession de foi, à cette conclusion mise ainsi avant les prémices, que l'obscur et faible écrivain qui a pris sur lui de crayonner la vie de cet homme célèbre, et d'apprécier ses actes et ses écrits, se croit capable de la plus froide impartialité. Il affirmera sans doute, mais le plus souvent en invoquant des témoignages dignes de foi. Quant aux assertions à lui propres, elles seront l'expres-

---

[1] Cette biographie a été écrite en 1837. Elle fut composée pour la *Revue de l'Aveyron et du Lot*, qui l'inséra dans les numéros des 25 et 30 octobre ; 18 novembre et 23 décembre de l'année 1837 ; 1ᵉʳ, 8 et 29 janvier et 5 février de l'année 1838. Ce travail a été revu et modifié dans quelques-unes de ses parties. On a laissé à l'œuvre le plan, les allures et le mouvement que lui avait donné un écrivain de 24 ans.

sion de sa conscience, qu'il a cherché à éclairer de son mieux. A ce titre, peut-être a-t-il le droit qu'on ne les rejette pas sans examen et comme par la question préalable; que l'ami et l'ennemi ne se regardent pas comme certains d'avance, le premier, que le mal, le second, que le bien qui vont être écrits sont des chimères, ou tout au moins exagérés par le biographe qui, de bonne ou de mauvaise foi, les tronque évidemment.

Ne serait-il pas temps, je le demande, d'ouvrir enfin les yeux à la lumière? de reconnaître des vérités qui depuis longtemps rayonnent éclatantes devant tout œil qui regarde? d'abandonner une sphère de laquelle le monde qui marche est sorti depuis un demi-siècle? de cesser de se préoccuper de questions définitivement vidées par le temps qui n'est, à le bien prendre, que la main de Dieu? Ne sent-on pas encore le besoin de se dégager des passions du passé, qui nous enlacent et nous empêchent de voir qu'à côté de nous on marche vite et bien? Ne vaudrait-il pas mieux s'inquiéter des grandes questions qu'agitent en ce moment les hommes qui, placés à l'avant-garde de la civilisation, découvrent, en tâtonnant ou par les éclairs de leur génie, le chemin dans lequel l'humanité doit poursuivre sa route?

Bon ou mauvais, le dix-huitième siècle a vécu; bien ou mal, son rôle est accompli. Sa mission était de détruire: y a-t-il été fidèle? Qu'on me réponde? Ceux que le nom de Raynal fait frissonner de colère ou bouillonner d'enthousiasme, s'obstinent, les uns à défendre des ruines, les autres à renverser ce qui est plus bas que terre.

De grâce soyons de notre temps. Hommes du dix-neuvième siècle, comprenons notre devoir; soldats de la vérité et du progrès, ne restons pas sur le champ de bataille où combattirent nos pères. La victoire se prononça. Habitants d'une province obscure que l'on dédaigne, montrons que nous valons mieux que notre réputation, et, pendant que l'on nous croit à l'arrière-garde, apparaissons et montrons-nous au premier rang.

Certes, il est bien permis à ce siècle d'hésiter, de trouver rude la tâche qui lui est imposée; mais se décourager serait de la lâcheté. Dire qu'il n'y a désormais de possible que l'anarchie dans les esprits et les tortures morales dans les cœurs bien placés, est un blasphème.

Raynal fut, lui, de son temps. Il mêla sa voix aux voix puissantes qui menaient ses contemporains. Son nom fut célébré par les mille bouches de la renommée d'un pôle du monde civilisé à l'autre ; il ne retentit pas moins que ceux de Montesquieu et de Voltaire : celui qui le porta posséda peut-être à un plus haut degré que ces deux hommes, plus grands que lui, le langage qui ébranle les masses, les passionne et les pousse en avant. Gloire à lui !

Il foula aux pieds des devoirs sacrés, se moqua indignement des choses les plus saintes. Que son nom soit flétri !

Par ses efforts, bien des abus sont devenus si frappants qu'on n'a pu s'empêcher d'y remédier ; beaucoup d'intelligences ont été affranchies de préjugés qui les dégradaient. On doit lui en savoir gré.

Ses écrits renferment des paradoxes, des contradictions, des erreurs, des principes que la religion et la morale réprouvent. On doit mettre tout cela en lumière et en faire bonne justice, avec d'autant plus d'indignation que les grands hommes traînent toujours après eux et comme à la remorque un grand nombre d'esprits faibles, de caractères sans énergie, incapables de se tracer eux-mêmes un plan de vie et d'y être fidèles.

Si, comparant notre civilisation sous ces deux faces, sous le point de vue moral et sous le point de vue matériel, à la civilisation des siècles passés, nous pouvons nous réjouir comme au souvenir d'une condition pire, c'est en partie à Raynal que nous en sommes redevables : reconnaissance donc, honneur et gloire à sa mémoire !

Il a vu le jour au milieu de nos montagnes : qu'elles s'en glorifient ! Quant à moi, l'idée qu'il est né à une très faible distance du toit de mon père me plaît, et j'en tire vanité dans l'occasion.

Donner la mesure précise du bien et du mal qu'il a fait est chose impossible : les convictions complètes qu'il a formées, les croyances qu'il a renversées ou rendues chancelantes ne peuvent se compter ni s'apprécier. On ne suit guère à la trace l'influence d'un livre dans les esprits. Les idées qu'il répand produisent leur effet dans le mystère. Ici, elles détruisent; là, elles fécondent; tantôt plus tantôt moins. Celui-là même sur lequel elles opèrent ne se rend pas toujours compte de ce qu'il éprouve. Loin de nous donc le projet de faire la part de Raynal dans l'œuvre à laquelle travaillèrent avec tant de talent et de persévérance et, disons-le, par des moyens quelquefois blâmables, Montesquieu et Jean-Jacques, Diderot et Voltaire, et beaucoup d'ouvriers subalternes dont le nom s'efface peu à peu. Ce que l'on peut affirmer avec certitude, c'est que Raynal fut un des travailleurs les plus actifs et les plus intelligents.

Il se trouvera des hommes qui m'accuseront de me prosterner ainsi devant les statues des auteurs de *La Pucelle* et de *La Nouvelle Héloïse*. Je connais les vices de cœur de l'un et de l'autre. Je n'aime pas plus qu'un autre les déréglements, la débauche et la mauvaise foi, etc.; mais je m'incline, je l'avoue, devant la révolution intellectuelle et aujourd'hui passée dans les faits qu'ils ont produite.

Le dix-huitième siècle fut un grand siècle. A sa voix, des institutions arriérées et des mœurs vieillies se sont évanouies, c'est là son mérite; dans la balance qui pèse la valeur des diverses périodes de l'humanité, c'est là ce qu'il vaut. Le monde est une réunion de voyageurs : comme tel, il fait des haltes, bâtit des tentes, et puis, lorsqu'il faut de nouveau se mettre en marche, les uns se trouvant mieux à l'abri de leur tente qu'au milieu des fatigues du voyage, refusent de marcher; les autres, présumant ou sachant qu'après quelques souffrances on arrivera dans une contrée plus fertile, veulent partir; de là ces déchirements, ces luttes intestines qu'on appelle des révolutions.

Les habitudes intellectuelles des écrivains philosophes qui guidèrent nos pères ne sont pas sans inconvenient aujourd'hui. Elles entraînent après elles une défiance funeste de notre pouvoir intellectuel, relativement aux plus hautes questions qui intéressent l'humanité. On se fait un cercle d'activité duquel on ne croit pas pouvoir légitimement sortir, et l'on se figure que tous ceux qui ne s'y renferment pas sont des fous poursuivant des chimères. Par là l'esprit se rétrécit et perd de son élévation naturelle, et en second lieu, il cesse d'être de son temps ; car ce n'est pas en vain que pèsent sur la raison de l'homme les plus grands problèmes qu'il puisse se poser. Le dix-huitième siècle est mort ou doit l'être. C'est chose sainte que les efforts ayant pour but de détruire le scepticisme mesquin et moqueur qui le caractérisa.

Après ce préliminaire, j'en viens à ce qui fait plus spécialement l'objet de ce travail.

II.

Raynal est né le 12 avril 1713 (1), à Lapanouse, autrefois

---

(1) Toutes les biographies s'accordent à faire remonter la naissance de l'abbé Raynal au 11 mars 1711. Elles lui assignent pour lieu de naissance Saint-Geniez. C'est là une double erreur. On trouve, en effet, dans le n° du 25 avril 1857, du journal l'*Aigle de l'Aveyron*, la copie envoyée à cette feuille, par M. Hérail, maire de Lapanouse, de l'acte de naissance du célèbre abbé. Cet acte est ainsi conçu :

« L'an mil huit cent treize et le quinzième jour du mois d'avril,
» j'ai baptisé Guillaume-Thomas Raynal, fils du sieur Raynal, bour-
» geois, et de demoiselle Catherine de Girels, mariés, *du lieu de*
» *Lapanouse*, né le *douzième* dudit mois. Son parrain a été le sieur
» Pierre-Thomas de Girels, advocat en Parlement, fils à M. de Girels,
» procureur du roi en la justice seigneuriale de Saint-Geniez, et la
» marraine Marie Raynal, veuve, du village de Massegro, paroisse
» Djnos. Présents, Jean-François de Girels et Guillaume Guiraudon,
» tisserant, dudit lieu de Lapanouse, soussignés avec moi.

» Raynal, de Girels, Guiraudon, Trémolières, collégial et vicaire,
» signés. »

Raynal n'est donc pas né à Saint-Geniez. Ses parents n'habitaient pas cette ville lorsqu'il est venu au monde, mais ils ont dû s'y établir depuis. C'est ce qui a permis à Monteil de dire dans sa *Description de l'Aveyron*, t. I, p. 30 : « Telle est la gloire à laquelle les lettres élèvent
» un grand écrivain que sa célébrité s'étend jusques sur les lieux qui
» l'ont vu naître. Le nom de Saint-Geniez a été porté avec celui de
» Raynal dans les Deux-Mondes. »

Monteil a ainsi contribué à accréditer une erreur que M. le maire de Lapanouse a cru avec raison devoir rectifier. La ville de Saint-Geniez comptait si bien Raynal parmi ses enfants qu'elle avait formé le projet, en 1789, de lui élever un monument par souscription. Le prospectus avait même été rédigé.

L'acte de naissance dont on vient de lire la teneur démontre que le prénom de *François*, que certains biographes ont attribué à Raynal, ne lui appartenait pas.

chef-lieu d'une église collégiale, aujourd'hui chef-lieu de mairie dans le canton de Sévérac-le-Château. Son père appartenait à la bourgeoisie du lieu, et sa mère, Catherine de Girels (1), à la noblesse du pays.

L'enfance de Raynal n'offrit probablement rien de particulier. Il fit ses études chez les Jésuites, s'y distingua, se fit ordonner prêtre, entra dans la Compagnie de Jésus, à Pézenas, y professa les humanités avec succès (2), se fit remarquer par quelques prédications et alla à Paris fort jeune encore, après avoir rompu avec la société de Jésus, au sein de laquelle il avait prononcé plusieurs sermons. L'un d'eux fit sensation. L'usage des prédicateurs du temps était de faire de nombreuses citations. Raynal avait voulu s'y conformer, mais il ne s'assujétit point à la plus scrupuleuse exactitude dans les citations qu'il fit. De nombreux éloges lui étaient prodigués lorsqu'un membre des plus érudits de la Compagnie vint reprocher publiquement à l'orateur d'avoir prêté à saint Augustin des paroles qui n'étaient pas dans ses œuvres. « Je suis fâché, mon Père, répliqua Raynal, que le passage » que j'ai cité ne soit pas de saint Augustin ; mais s'il n'y » est pas, ajouta-t-il, il devrait y être. » Cette répartie mit les rieurs du côté du jeune prédicateur, dit une notice

---

(1) Les Girels, seigneurs de La Calsade, près Ségur, furent maintenus dans leur noblesse, le 22 juin 1700, par l'intendant Legendre ; ses preuves remontent à 1453 (H. de Barrau. *Documents historiques*, t. IV, p. 17).

(2) On lit dans une notice sur le collége de Rodez, insérée dans le *Bulletin de l'Aveyron*, à l'époque de l'organisation de l'Ecole centrale, que l'abbé Raynal fut *professeur au collége de Rodez du temps des Jésuites*. J'ai révoqué en doute la vérité de ce renseignement à la page 78 de ma notice sur ce même établissement, notice qui fait partie du 5ᵉ volume des *Mémoires* de la Société. Feu M. le baron de Gaujal, dans une note qui se trouve au bas de la page 336 du tome IV de ses *Etudes historiques*, me reproche le doute que j'ai ainsi exprimé. Il considère le fait comme constant et il invoque à l'appui de son opinion les *Dictionnaires* de Chaudon et de Dalandine. Il aurait pu invoquer aussi l'autorité de l'abbé Bosc. Mais à quelle époque l'abbé Raynal était-il au collége de Rodez ? quelle classe y a-t-il professée ? C'est ce que l'abbé Bosc et M. de Gaujal laissent ignorer.

manuscrite que j'ai sous les yeux et qui a été écrite par un Aveyronnais, que Raynal avait honoré, ainsi qu'il le dit, de son amitié et de sa correspondance jusqu'au dernier moment de sa vie. D'après cette notice, la faiblesse de son organe et son corps grêle l'auraient bientôt fait renoncer à la chaire. Ses sermons passèrent dans les mains de quelques ministres raisonnables et éclairés qui les ont prêchés, dit l'auteur, avec le plus grand succès.

On lit dans plusieurs biographies que l'abbé Raynal se rendit à Paris en 1748, à l'âge de 35 ans. Il y a là une inexactitude puisque l'*Histoire du Stathoudérat* fut publiée cette même année et qu'à cette époque notre auteur avait déjà noué de nombreuses relations à Paris.

Est-ce de son plein gré qu'il quitta la Société ? Un de ses confrères assurait qu'il en fut retranché à cause de ses débauches et, en particulier, pour avoir scandaleusement violé le vœu de chasteté. Quoi qu'il en soit, arrivé à Paris, il obtint d'être attaché à l'église de Saint-Sulpice en qualité de prêtre desservant. Cette époque n'est pas la plus honorable de sa vie. On a imprimé qu'il enterrait, pourvu qu'on se montrât généreux, les protestants en terre sainte comme bons catholiques. On a avancé également qu'il n'enterra personne sans avoir préalablement reçu des parents la somme de 60 fr. J'émettrai un doute à cet égard. Quel motif pouvait-on avoir de recourir au ministère de l'abbé Raynal de préférence à celui d'un autre prêtre ? Du reste, l'état des ressources de Raynal, à cette époque, ne devait pas le porter à être si exigeant; car on rapporte qu'il disait chaque matin, pour 8 sous, une messe qui était payée à l'abbé Prevost 20 sous, et que celui-ci cédait à l'abbé de La Porte pour 15, lequel la cédait en troisième main à l'abbé Raynal.

Il essaya de prêcher et fut déclamatoire. Il disait plus tard à ses amis, en parlant de ses essais : « *Jé né préchais pas mal, mais j'avais un accént dé tous les diables* (1). »

On trouve dans un document digne de foi la preuve que,

---

(1) Voir la *Biographie Universelle* de Michaud.

en 1780, l'abbé Raynal, alors demeurant à Paris, était commandeur de Saint-Jean-de-Cassagnoles, dans le diocèse de Rodez. Cette commanderie, dont le dom d'Aubrac était collateur, valait environ 500 fr. Pendant combien d'années a-t-il joui de ce bénéfice? Je l'ignore.

III.

La période de la vie des grands écrivains la plus instructive, la plus digne d'intérêt et la moins connue en général, c'est, sans contredit, celle où ils font provision, se pénètrent, s'échauffent de sentiments nobles et généreux; où ils s'indignent profondément contre tel abus, s'exaltent d'enthousiasme pour telle réforme, pour telle idée, pour telle amélioration, forment les convictions qui donnent du nerf à l'esprit, acquièrent les connaissances qui étendent l'intelligence, sondent les questions qui élèvent la raison, épurent leur goût, cessent de se laisser éblouir par le faux brillant, par la vaine pompe d'une phraséologie creuse et prétentieuse, en un mot, où ils créent leur *criterium*, tant dans le domaine du langage que dans le domaine de la pensée. Rarement il est possible de voir le grand penseur construire pièce à pièce l'édifice de son individualité et s'élever par degrés à la hauteur d'où il domine ses semblables, les éclaire et les anime; de signaler les circonstances dont le concours a été nécessaire pour qu'il se soit fait l'apôtre de telle doctrine, ait écrit de telle manière, soit devenu tel, enfin, qu'il nous apparaît lorsqu'il excite notre admiration.

Ce qui est vrai en général, l'est dans le cas particulier qui nous occupe. Nous avouons notre impuissance à déterminer, avec précision et sans conjectures, l'influence complexe assurément sous laquelle le génie de Raynal se développa. Il y aura là une lacune dans notre travail, lacune que devraient bien combler les souvenirs des parents et des amis de Raynal; qu'ils nous permettent de leur rappeler ici ce devoir de famille et d'amitié, qui est aussi un devoir envers le pays, puisque le nom de Raynal est, dans les lettres et avant le dix-neuvième siècle, celui qui jette le plus beau reflet de lumière sur notre province.

Nous l'avons vu se séparant de son plein gré ou retranché malgré lui de la Société de Jésus, aller à Paris et y vivre dans un état voisin de la misère. On a assuré que cette position précaire, faiblement améliorée par des actes nombreux de simonie, ne l'empêcha pas de se livrer à la débauche. Je rapporte cette accusation en historien exact, sans y ajouter foi comme à une chose certaine et démontrée, et aussi sans la réfuter comme une calomnie. Sans doute il faut pour qu'un homme, pour qu'un prêtre soit flétri de la sorte, que ses mœurs aient donné prise à la critique, et d'ailleurs les apologistes de Raynal eux-mêmes n'ont pas osé se porter garants de sa moralité. Mais n'oublions pas que l'auteur de l'*Histoire philosophique* a soulevé contre lui les haines les plus furibondes, à une époque où les opinions rivales ne se piquaient que médiocrement, dans la controverse, de cette probité scientifique, qui ennoblit les discussions et rehausse le caractère de l'écrivain. A coup sûr, il y a de l'exagération dans les peintures que l'on a faites des vices de Raynal; mais où finit la vérité? où commence le mensonge? dans quelles limites le circonscrire? *hic opus*, etc.

La rectitude de son esprit élevé ne tarda pas à montrer à Raynal de quel côté marchait son siècle, où étaient la véritable force et l'avenir, et il chercha les moyens d'entrer en relation avec les philosophes. Admis dans les salons de Mme Geoffrin, d'Helvétius, du baron d'Holbach, il en devint un des familiers les plus assidus, et s'y fit bientôt remarquer par sa conversation abondante, facile, libre et piquante par cela même dans un ancien Jésuite. C'est ce qui explique le prompt succès de l'*Histoire du Stathoudérat*, premier ouvrage important de Raynal.

Il avait déjà composé, par ordre du Gouvernement, et publié un ouvrage sous le titre de : *Mémoire pour servir à l'instruction des écoles militaires*.

IV.

L'*Histoire de Stathoudérat* parut en 1748, sans nom d'auteur, et en un volume in-12. On a dit de cet écrit qu'il est déjà oublié et qu'il mérite de l'être. C'est à tort. S'il a aujourd'hui peu de lecteurs, la raison n'en est pas dans sa valeur intrinsèque, dans la manière dont il a été exécuté, mais dans la nature de son objet. La vie des six premiers Stathouders ne contient rien de ce qui est éminemment propre à captiver l'attention du grand nombre. Le gouvernement des Pays-Bas n'est qu'un rouage fort secondaire dans la grande machine de la société européenne. Ce n'est pas là que l'on est habitué à aller chercher la clef des grands événements qui se sont accomplis dans les temps modernes. Raynal a admirablement saisi et mis en lumière les ressorts de la politique habile des six princes dont il a fait l'histoire, ressorts différents suivant le caractère de chacun, mais tendant tous au même résultat, à la grandeur de la maison d'Orange et au dégagement de son autorité, de l'origine populaire d'où elle émanait. Cette histoire est moins narrative que rationnelle. Raynal s'enquiert moins des faits que de leur enchaînement et de leurs causes. Il explique plus souvent qu'il ne décrit. Son livre est, parmi les anciens, de la famille de Thucydide et de Tacite, et parmi les modernes, il a sa place marquée dans le groupe que forment les ouvrages historiques de Bossuet, de Montesquieu, de l'abbé de Mably et de M. Guizot, ou plutôt la manière de Raynal est une espèce de compromis entre les deux genres. Il a marié la philosophie et l'éloquence, les réflexions et le sentiment, l'imagination et la raison. Les portraits abondent dans son histoire, les contrastes y sont fréquents. Le pittoresque sourit à notre auteur. On est entraîné par je ne sais quelle impétuosité, étonné par une hardiesse de pensée admirablement assortie aux dispositions générales des esprits au dix-huitième siècle. On sent une surabondance de vie, une opulence de mots et d'idées qui garantissent un grand avenir littéraire.

Ce livre, Raynal le fit imprimer à ses frais et s'en fit lui-même le libraire. Il en vendit six mille exemplaires à un écu, ce qui lui donna 18,000 fr., qui le mirent hors des atteintes des premiers besoins. L'*Histoire du Stathoudérat* eut au moins cinq éditions. La cinquième est en 2 volumes in-12, et enrichie d'un grand nombre de pièces justificatives dues à un traducteur hollandais, qui rectifia plusieurs dates et quelques faits (1).

L'*Histoire du Parlement d'Angleterre*, qui fut publiée la même année que l'*Histoire du Stathoudérat*, lui est, je ne crains pas de le dire, inférieure de tout point. Si elle n'est plus lue, ce n'est pas la faute du sujet, puisqu'il n'en est pas, par le temps qui court, de plus en rapport avec les sympathies générales. L'auteur s'est, en effet, proposé de mettre son lecteur en état de juger par l'expérience une organisation politique dont le jeu a été pendant un demi-siècle étudié dans ses moindres détails, et qui a été et est encore en butte aux éloges les plus exagérés comme aux attaques les plus violentes. On comprend sans peine que Raynal a pris la plume avant de s'être suffisamment rendu maître de son sujet. Il n'est que médiocrement sûr, sous son allure naturellement décidée, des causes qu'il assigne, des considérations qu'il émet. Il marche un peu au hasard. On ne voit pas le lien qui fait qu'un ouvrage solidement composé ressemble à un réseau où tout se tient; mais il faut savoir que les grandes et belles histoires de Hume et de Goldsmith étaient alors à faire ou en voie d'exécution : on doit tenir compte des difficultés qui devaient s'offrir en l'absence des deux grands monuments historiques que nous venons de nommer. Raynal, ennemi du despotisme, sous quelque forme qu'il se présente, ne s'éprit pas des avantages des institutions anglaises. Longtemps il ne voit dans les membres du Parlement que des nobles aspirant au pouvoir afin de resserrer les liens qui enchaînaient le peuple. Joug pour joug, il préfère la tyrannie d'un seul à la tyrannie de plusieurs. La trinité du pouvoir n'est pas son idéal en fait de gouvernement. Ce n'est pas lui qui a prôné les avantages de la Constitution de nos voisins d'Outre-Manche. La répugnance qu'il éprouve pour elle se manifeste à chaque page. L'on me permettra une

---

(1) L'*Histoire du Stathoudérat* a été réimprimée en 1819, sous le nom de Louis Bonaparte, avec des augmentations tirées d'un ouvrage de Barrère, et attribuées par les éditeurs à Napoléon Bonaparte (*Biographie universelle* de Michaud, article Raynal).

citation : « Il serait naturel de penser que cette multitude de législateurs représentât au moins avec dignité ; il est pourtant vrai que les séances se passent à plaisanter indécemment sur de grandes affaires, ou à délibérer gravement sur des petites ; à faire l'éloge de son parti ou à invectiver contre la faction opposée. Pour un événement important qui s'y passe, on y donne cent scènes singulières ou bizarres....... Le prince n'a qu'à prononcer quelqu'un de ces trois mots : *Papisme, Prétendant, France,* c'est plus qu'il n'en faut pour leur faire oublier leurs intérêts les plus essentiels. »

L'*Histoire du Parlement d'Angleterre* ainsi écrite et dans ces sentiments, n'eut pas un succès moindre que l'*Histoire du Stathoudérat.*

« Quelque temps après l'*Histoire du Parlement d'Angleterre,* Raynal publia une brochure politique sur les démêlés de la France et de l'Angleterre : cette brochure fit du bruit ; M. de Puisieux, ministre d'Etat, voulut voir l'auteur et l'envoya chercher. Celui-ci fit part de cette bonne fortune à un de ses amis, homme fort sage, qui lui conseilla de ne point aller chez le ministre, — On te fera écrire, lui dit-il, contre les ennemis de la France : qui sait jusqu'où la vivacité et le zèle t'emporteront ? Et au moment de la paix, tu cours le risque d'être sacrifié à la vengeance d'un prince offensé. — L'abbé fut frappé de cette réflexion et n'alla pas chez le ministre. Cependant, quelque temps après il eut occasion de le connaître et entra même fort avant dans son intimité...... Il ne tint qu'à l'abbé Raynal d'être placé près d'un ambassadeur, dans une négociation importante dont il aurait eu tout le travail ; il préféra le séjour de Paris et la liberté..... Il fut chargé pendant quelque temps du *Mercure,* et obtint ensuite sur ce journal une pension de mille écus..... » Voilà ce que La Harpe nous apprend (1) ; mais quelle est cette brochure politique ? Qui cet ami ? Quel cet ambassadeur ? Le champ est libre aux conjectures.

En 1749, Raynal édita le *Mémorial de Paris et de ses*

---

(1) *Correspondance littéraire,* lettre II.

environs, par l'abbé Antonini, 2 vol. in-12, avec des additions de l'éditeur.

L'ordre chronologique qui doit présider à cette biographie nous conduit à l'ouvrage intitulé : *Anecdotes historiques, militaires et politiques de l'Europe,* 3 vol. in-12. Ce titre fut jugé peu convenable, et dans la seconde édition, qui vit le jour une année après la première, l'auteur remplaça le mot *Anecdotes* par le mot *Mémoires.* Ce changement aurait pu être plus heureux : le mot *Fragments* eût peut-être été préférable. Aujourd'hui que les fragments pullulent, que nous avons des fragments de littérature et de philosophie de toutes les couleurs, nous aurions des fragments historiques. Dans cet ouvrage, Raynal aborde les points capitaux de l'histoire moderne et les traite *ex professo.* Chaque traité particulier est suivi d'une série d'anecdotes de tous les genres, et précédé d'un abrégé de l'histoire de la contrée où a lieu l'événement qu'il raconte. Raynal trouve ainsi le moyen de faire passer toute l'Europe sous les yeux de son lecteur.

L'*Histoire du divorce de Henri VIII* forme un des chapitres les plus remarquables des *Mémoires.* M. Durozoir, qui n'a pas flatté Raynal dans la *Biographie universelle,* qui a écrit contre lui dans la *Gazette de France* (1) trois articles inspirés par des croyances et des affections anti-philosophiques, M. Durozoir qualifie ce morceau de *vraiment distingué.* Il fut publié séparément dans la suite.

Quant au mérite de l'ensemble des *Mémoires, etc.,* j'avais résolu de m'en rapporter au goût et au jugement, généralement réputés sains, de l'abbé de Feller. Satisfait de pouvoir me dispenser de lire minutieusement ces trois volumes, de manière à me rendre capable d'émettre une opinion, vraie ou fausse, mais assurément consciencieuse, j'ouvre le *Répertoire général de la littérature,* à l'article Raynal, je prends la plume, je transcris..... Vain espoir ! La pensée de M. de Feller peut se résumer en trois mots. Les *Mémoires*

---

(1) 7 et 21 décembre 1822, et 21 février 1823.

historiques, militaires et politiques sont un assez mauvais ouvrage. Quant aux *Anecdotes, etc.*, c'est autre chose. Elles ne sont pas, comme les *Mémoires,* déparées par des erreurs, etc. — Avant de se prononcer d'une manière si catégorique, l'abbé de Feller aurait dû, tout au moins, lire la préface des *Mémoires;* il y aurait vu que de ces deux ouvrages, de mérite si inégal à ses yeux, le premier n'est pas autre que le second, le moindre que le meilleur, et le meilleur revu et corrigé.

Après les *Mémoires* et avant l'*Histoire philosophique,* Raynal composa, par ordre du gouvernement, l'*Ecole militaire*, 3 volumes in-12, recueil confus de traits de bravoure et de lâcheté, d'habileté et de maladresse.

V.

Nous avons laissé Raynal perdu, malgré ses douze volumes et l'importante rédaction du *Mercure de France,* dans la foule des bons écrivains. Ses écrits et son nom sont connus de tous ceux auxquels n'échappe la publication d'aucun ouvrage de mérite; mais le nombre de ces érudits-là est restreint, comme chacun sait. Ils forment un public d'élite, il est vrai, mais peu nombreux. Après l'*Histoire philosophique et politique des établissements et du commerce des Européens dans les deux Indes,* le cercle de la réputation de Raynal n'a plus de limites, je ne dis pas seulement en France, mais même en Europe, mais dans tous les lieux où a pénétré quelque étincelle de la civilisation européenne. Son nom a pris place dans le groupe du petit nombre de noms qui, transmis d'âge en âge, constituent dans la balance de l'histoire la valeur de leur siècle. Jusqu'ici son génie a été en germe ou en travail de développement. Dès ce moment, il brille du plus vif éclat.

Mais qu'y a-t-il dans cette fameuse histoire? Quel en est le plan et le mérite? Telles sont les questions que le moment est venu de traiter, questions graves qui ont suscité de longs et de violents débats, auxquels ont pris part tous les savants d'un quart de siècle.

Il y a deux choses dans l'*Histoire philosophique* ; d'abord l'histoire des phases qu'ont subies les établissements commerciaux des diverses puissances européennes, dans l'Amérique et dans les Indes Orientales, et, en second lieu, l'énumération et l'appréciation des causes qui ont déterminé la fondation de ces établissements, qui les ont fait prospérer ou dépérir, et, à cette occasion, des principes de philosophie et de religion, de politique et de morale, etc., épars dans tout le corps du livre. La première partie, savoir : l'histoire proprement dite des Colonies est l'objet principal et comme le canevas de l'ouvrage, dont la seconde n'est que la broderie. Celle-ci, il ne fallait pour l'exécuter que des connaissances variées, une intelligence fortement trempée et comprenant bien son époque. Les recherches qu'implique l'exécution de celle-là sont innombrables; les difficultés vaincues dont elle témoigne effraient rien que d'y penser.

La plupart des écrivains recueillent les matériaux de leurs livres dans les bibliothèques ; le plus important pour eux, c'est de les mûrir et de les coordonner. Les bibliothèques ont été à peu près inutiles à Raynal. Son sujet était un sujet vierge encore et des plus épineux. Il ne se proposa rien moins que de dresser le bilan de l'Europe commerçante, depuis le jour où Vasco de Gama doubla le Cap, et celui où Colomb découvrit l'Amérique. Le tableau des dépenses et des recettes de toutes les maisons de commerce en relation avec les colonies a dû passer sous ses yeux, ou plutôt il a dû le former lui-même. Se fait-on une idée bien nette des difficultés d'une pareille entreprise ? Grimm a écrit que l'*Histoire philosophique est un livre capital, qui n'aurait été fait nulle part, s'il n'avait été fait en France*. On serait, en vérité, tenté d'ajouter qu'il n'aurait été fait par personne, s'il ne l'avait été par l'abbé Raynal. Cet écrivain était plus que personne capable de mener à fin ce colossal projet, grâce à son caractère insinuant, adroit à se glisser dans l'intimité des grands et des savants, par son aptitude rare au travail, par son esprit susceptible de se livrer à la fois à plusieurs occupations. Il fut secondé par le duc de Choiseul qui fit faire, au profit de notre auteur, des recherches dans les ministères, et par les comtes d'Aranda et de Souza, qui lui communiquèrent d'excellents Mémoires, en ce qui touche les colonies d'Espagne et de Portugal. Il est à présumer que les cabinets de Londres et d'Amsterdam ne furent pas moins accessibles, ni moins bien disposés à favoriser une œuvre si éminemment utile. Ce qui est incontestable, c'est que les calculs de Raynal furent jugés généralement exacts par les hommes qui peuvent avoir sur cette matière une opinion éclairée. C'est le plus grand éloge que Raynal pût recevoir. Les erreurs qui lui échappèrent dans la première édition, et il était impossible qu'il n'en commît pas, il les rectifia dans les éditions postérieures.

Si Raynal se fût borné là, s'il n'avait écrit que pour l'avantage du commerce auquel, pour le dire en passant, il accorde, ce semble, une influence trop grande sur la marche des affaires humaines, son livre eût été placé parmi les livres utiles, et l'auteur parmi les écrivains laborieux et savants ; mais vraisemblablement on ne parlerait plus guère ni de l'un, ni de l'autre : ce serait presque une résurrection que nous ferions aujourd'hui. Ce qui a fait la célébrité et la gloire de l'*Histoire philosophique*, ce sont les accessoires, les considérations générales dont elle est parsemée.

L'abbé Raynal a pris successivement tous les peuples européens ; il remonte loin, trop loin peut-être, vers l'origine de chacun d'eux, et descend leur histoire en caractérisant d'un mot, d'une phrase, quelquefois par une digression longue outre mesure, les faits qu'il regarde comme les plus saillants contenus dans cette histoire. Arrivé à l'époque du premier établissement, il assiste aux préparatifs de l'expédition, s'embarque avec elle, et lorsqu'elle est arrivée à sa destination, il décrit longuement et d'une manière toujours pleine d'intérêt, les mœurs, les usages, le culte, les croyances religieuses des peuples ou des peuplades changées en colonies européennes. A chaque révolution survenue dans une colonie, il va en chercher les causes dans la mère-patrie, et saisit cette occasion pour présenter une histoire abrégée, mais fortement exprimée de l'époque sur laquelle il écrit. On voit toute la grandeur de ce plan. Certes, Raynal ne pouvait se mettre plus à son aise pour exprimer les principes de la philosophie de son temps sur la religion, sur la politique, etc., que de griefs, que de textes d'accusation contre les despotes et contre les prêtres, dans une si longue série de siècles ! Quelle plus belle occasion d'amener sur la scène tous les abus, de faire voir l'avantage de toutes les réformes !

Le style est toujours coloré, et le plus souvent correct. Il ne manque jamais de vigueur ; mais ce qui caractérise la manière de Raynal, c'est la grandeur. Malheureusement, de la grandeur à l'exagération il n'y a qu'un pas, et il est arrivé à Raynal de franchir mainte fois cette limite. Son langage sentit toujours, quoi qu'il ait fait, son prédicateur de Pézenas. C'est avec raison qu'on lui a reproché un ton déclamateur.

Sa narration est mêlée d'anecdotes piquantes, de traits de générosité ou d'égoïsme, de cruauté ou de dévouement, chaleureusement racontés et qui ne contribuent pas peu à faire que l'*Histoire philosophique*, qui s'annonce, par son titre, comme un ouvrage des plus sérieux, est lue avec non moins d'intérêt qu'un roman bien tissu, modelé sur le cœur humain.

La haine du catholicisme y va jusqu'au dénigrement. Raynal s'élève contre toute religion positive. Il est théiste, quand il n'est pas athée. En plusieurs endroits cependant, le besoin de foi, si naturel à l'homme, se manifeste d'une manière très frappante. Il prend pour démontrés les principes de la philosophie qu'il a adoptée; il ne prouve pas. Son élocution n'a rien du langage décharné du dialecticien ; ses phrases ne s'enchevêtrent pas comme celles de l'écrivain qui a à prouver une vérité contestée. Raynal s'adresse autant à la sensibilité qu'à la raison : c'est ce qui explique l'accueil que son livre reçut du public.

Deux sentiments sont portés à l'excès dans l'*Histoire philosophique*, l'amour de l'espèce humaine et de la liberté, si excès il pouvait y avoir dans de pareils sentiments, s'ils n'étaient pas deux sources intarissables de vertus et de dévouement. En revanche, les prêtres et les rois y sont en butte à des attaques incessantes. Raynal apostrophe de la manière la plus familière tous les princes régnants, et, d'un ton de puissance supérieure, il leur reproche hardiment leurs fautes, et délimite leurs droits et leurs devoirs.

Les propriétaires d'esclaves sont encore plus maudits que les prêtres et les rois. Raynal ne se lasse pas de plaider la cause des nègres, de prêcher l'abolition de l'esclavage. Il ne trouve pas de couleurs assez fortes pour peindre les souffrances des esclaves ; de stygmate assez saillant pour noter d'infâmie les barbares qui, par une sordide avarice, épuisent comme à petit feu la vie des malheureux nègres. Dans sa ferveur philanthropique, il appelle d'avance un héros, un grand homme, le premier esclave qui fera respecter sa dignité d'homme dans ceux de sa classe. Il tressaille de joie en prévoyant le jour où les champs Américains s'abreuveront du sang Européen. Je regrette de ne pouvoir transcrire ce passage, qui est fort remarquable. Mais il ne faut pas jouer avec le malheur : il suffit d'une étincelle pour allumer un grand incendie. Dans la personne humaine la plus dégradée, il reste toujours un fond de noblesse et d'énergie vitale qui peut se ranimer. Quelques années après le jour où Raynal écrivit ces lignes, il se trouva au-delà des mers un homme qui dévorait dans l'amertume de son âme l'humiliation de l'esclavage. Cet homme, brûlant d'un feu concentré, avait appris à lire à quarante ans. L'*Histoire philosophique* tomba entre ses mains ; Dieu sait l'impression qu'elle fit sur lui : quelque temps après, cet esclave appelait Raynal son *prophète,* et faisait, à la tête de ses compagnons d'infortune, éprouver des revers aux plus braves généraux de Napoléon ; car on voit bien que c'est de Toussaint Louverture qu'il est ici question. Sans doute la révolte de Saint-Domingue a eu plusieurs causes ; mais qui peut assurer que sans l'*Histoire philosophique* la France aurait perdu la plus belle de ses colonies et que Saint-Domingue formerait aujourd'hui la république d'Haïti ? Qui osera fixer les limites au génie ! et sait-on s'il n'a pas fallu l'*Histoire philosophique* pour enflammer le grand caractère de Toussaint Louverture (1) !

---

(1) Les ouvrages de l'abbé Raynal produisirent une grande impression sur l'âme passionnée et énergique de Charlotte Corday. On

Tel est l'objet de l'*Histoire philosophique;* tel en est le plan ; tel le mérite. Mais hélas! pauvre humanité! Je viens de faire honneur de l'*Histoire philosophique* à un de mes compatriotes. J'ai suivi une opinion aujourd'hui universelle, mais que sais-je, après tout! qui m'assure qu'elle est bien de lui? La voix du public.... Mais près de trois mille ans avaient regardé Homère comme l'auteur de ce magnifique poème que nous appelons l'*Iliade,* et cette longue série de siècles n'est pourtant que la durée d'une erreur monstrueuse. Ce n'est qu'une preuve de plus ajoutée à tant d'autres de la faiblesse de nos facultés; car il est bien démontré aujourd'hui, qui oserait le révoquer en doute? qu'Homère n'a jamais existé. Qui n'a pas lu l'*Iliade?* Où est l'homme assez faible d'esprit, par le temps qui court, pour ne pas voir, de prime abord, que l'*Iliade* n'est qu'une réunion de ballades ou de chants juxtaposés à une époque comparativement récente, et chantés dans l'origine par les bardes de l'Ionie qui en étaient les auteurs? Il faudrait avoir l'intelligence bien lente ou bien épaisse pour ne pas comprendre cela immédiatement. En vérité, ce ne serait pas être de ce temps-ci. Celui qui hésiterait à embrasser cette opinion serait quelqu'un qui aurait oublié de naître quelques siècles plus tôt, du temps de Louis XIV, d'Auguste ou de Périclès, par exemple, temps d'obscurantisme et de crédulité s'il en fut.

On ne se compromettrait pas moins en prétendant que l'*Iliade* est bien véritablement d'Homère, qu'en soutenant que nous savons quelque chose de vrai sur les quatre ou cinq premiers siècles de l'*Histoire romaine,* ou bien encore qu'en se refusant à croire qu'il y a à Paris deux grands esprits

---

lit, en ffet, dans une lettre qu'elle écrivit à son ami Barbaroux, pour lui rendre compte de son voyage de Caen à Paris : « Ces Messieurs (des montagnards qui avaient voyagé avec elle) ont fait tout ce qu'ils ont pu pour connaître mon adresse à Paris ; mais j'ai refusé de rien dire, et j'ai été fidèle à cette maxime de *mon cher et vertueux Raynal, qu'on ne doit pas la vérité à ses tyrans.*

Lamartine mentionne à la page 161 du tome VI de son *Histoire des Girondins,* le goût prononcé de Charlotte Corday pour les œuvres de Raynal qu'il qualifie, lui, de *fanatique d'humanité.*

assez désintéressés pour dicter, l'un à M. Alexandre Dumas, *Antony, Angèle*, et ses autres drames ; l'autre à Mme Dudevant, son *André*, son *Simon, etc.*; et céder ainsi, de la manière la plus obligeante, une gloire que ces deux grands écrivains acceptent avec empressement, sans s'inquiéter du désappointement qui les attend, si on vient à leur arracher leur plumage emprunté, et qu'il leur faille rentrer dans l'obscurité au milieu des sifflets d'un public désabusé (1).

Il est donc bien démontré qu'il n'y a rien de moins clair que l'évidence, ni rien de moins certain que ce que tout le monde croit ; car, sans cela, à quoi bon les savantes recherches de M. Fauriel sur Homère ; de Beaufort, de Niebuhr et de M. Michelet sur les origines de Rome ? N'allez donc pas, je vous en conjure, faire les incrédules et me refuser votre assentiment, si j'affirme que l'*Histoire philosophique* n'est pas l'ouvrage de Raynal. *Ecrivez toujours*, disait-il, *à ceux qu'il payait généreusement en bons écus* (pour rendre son nom immortel) ; *écrivez toujours, je vois bien que vous ne vous doutez pas de quel courage je suis capable.* C'est M. Durozoir qui assure le fait, sur la foi de je ne sais trop qui. Doutez-vous encore ? Voici un académicien de Berlin, Dieudonné Thiébault, grand ami de Raynal, comme le prouvent cinquante pages de ses *Souvenirs* dans lesquelles il s'est donné le plaisir de déchirer cet écrivain, et qui vous certifiera qu'il est de notoriété publique que Diderot a composé à lui seul le tiers de l'*Histoire philosophique*. Un autre viendra à l'appui de cette assertion, et vous dira que la fille de Diderot possédait un exemplaire de l'*Histoire philosophique* dans lequel tous les passages qui appartiennent à son illustre père avaient été soulignés de sa propre main. Enfin on ne saurait se refuser à admettre que Pechméja, Deleyre, les comtes d'Aranda et de Souza, Diderot et une demi-douzaine d'autres composèrent l'espèce de macédoine que nous appelons l'*Histoire philosophique et politique*,

---

(1(En 1837 et 1838, on entendait souvent dire que Mme Dudevant et M. Dumas n'étaient pas les auteurs des ouvrages publiés sous leur nom.

ouvrage dans lequel on remarque, comme personne ne le conteste, les idées les plus incohérentes et tous les genres de styles, preuve évidente que c'est l'œuvre de plusieurs mains. Qui ne sait encore que quelques-uns des ouvriers que Raynal payait ainsi pour lui tresser une couronne le trompèrent et lui donnèrent, comme sorties de leur crû, des pages qu'ils avaient seulement transcrites? Les fripons qu'ils étaient! Ils avaient néanmoins eu le bon esprit de copier des ouvrages que presque personne ne connaissait, en sorte qu'il n'y eut guère que les auteurs de ces livres qui fussent convaincus de la fraude et qui pussent se frotter les yeux en lisant ces pages parasites. — Je demande si on leur fit,

En les pillant ainsi, plus de tort que d'honneur.

Il est triste pour un soldat de se voir ravir la gloire et le trophée dus à sa bravoure ; il ne l'est pas moins pour un écrivain de se voir contester et enlever le fruit de dix années de travaux non interrompus. Telle est cependant l'amertume dont Raynal fut abreuvé. Une erreur ou une calomnie une fois insérée dans un livre, personne ne peut déterminer une limite à sa durée. Viendront des écrivains de talent qui les rapporteront de bonne foi et leur feront traverser les siècles. La réputation de Raynal n'est pas à l'abri de ce danger. Pourquoi ne le dirais-je pas ? On est aussi mal reçu aujourd'hui à louer l'*Histoire philosophique*, qu'on l'aurait été autrefois à la déprécier. Il est du bon ton d'en dire du mal. M. Lerminier (1), se plaçant au sein de cette disposition générale, a qualifié la réputation de Raynal, de *réputation mal acquise;* ce philosophe, à l'en croire, ne se recommande au souvenir de la postérité que par l'amitié dont l'honora Diderot. Si l'amitié d'un grand homme est un titre au souvenir de la postérité, l'abbé Raynal en avait un second non moins grand à

---

(1) Lorsque ce travail fut envoyé à la *Revue de l'Aveyron et du Lot*, M. Lerminier était professeur au collége de France. Ses leçons, un peu creuses, étaient très suivies. La *Revue des Deux-Mondes* a publié quelques travaux de cet écrivain.

faire valoir. « J'excepte le seul abbé Raynal qui, quoique son ami (de Grimm), se montra des miens et m'offrit dans l'occasion sa bourse avec une générosité peu commune ; mais je connaissais l'abbé Raynal avant que Grimm le connût lui-même, et je lui avais été toujours attaché depuis un procédé plein de délicatesse et d'honnêteté qu'il eut pour moi dans une occasion bien légère et que je n'oublierai jamais. Cet abbé Raynal est certainement un ami chaud. » Voilà ce qu'on lit dans les *Confessions* de Jean-Jacques. J'ajouterai que dans la correspondance du même écrivain, on trouve la réponse à une lettre dans laquelle l'abbé Raynal mettait à sa disposition les colonnes du *Mercure* dont il était rédacteur. Jean-Jacques n'est, du reste, pas le seul homme dont Raynal ait compris de bonne heure le génie et par qui il ait été compris lui-même. Il encouragea dès son entrée dans la carrière des lettres et des armes, qui ? un jeune officier d'artillerie, fort lettré et qui ne se connaissait pas moins en grandeur que Jean-Jacques en délicatesse de cœur ; Napoléon Bonaparte, lui-même, qui adressa à notre compatriote la première partie de l'*Histoire de la Corse* qu'il avait projeté d'écrire. — Mais les grands hommes sont sujets à l'erreur comme les autres. Napoléon aura, dans la simplicité de son âme, pris pour un grand écrivain un intrigant qui n'eut d'autre mérite que de bien payer et exploiter l'esprit d'autrui.

Mais soyons sérieux ; négligeons ce nuage dont des ennemis passionnés ont cherché à entourer la paternité de l'*Histoire philosophique*. L'abbé Raynal ne paraît pas s'en être beaucoup préoccupé lui-même, et il a eu raison.

La première édition parut, sans nom d'auteur, à Amsterdam ou à Nantes, en 1770 ou 1772. « Ce livre est généralement attribué à l'abbé Raynal ; mais comme il est très hardi, très véridique, et par conséquent assez dangereux dans ce quart-d'heure-ci, il ne convient pas à un honnête homme d'avoir une opinion là-dessus, ni de l'attribuer à qui que ce soit. » Voilà ce qu'écrivit lors de son apparition l'un des auteurs de la correspondance déjà citée.

Dans l'intervalle de la première à la seconde édition, c'est-à-dire dans l'espace d'environ quatre ans, on vit se succéder sans interruption, les uns disent vingt, les autres quarante contrefaçons. Les diverses nations de l'Europe commencèrent par se diviser l'*Histoire philosophique*, par s'emparer chacune de ce qui la concernait, puis, lorsqu'elles eurent pris goût aux idées de Raynal, elles voulurent avoir l'ouvrage entier et se mirent à le traduire. L'engouement fut si contagieux qu'il pénétra jusqu'en Afrique, et qu'un prince africain en fit faire une version arabe.

En France, un écrivain qui ne dit pas son nom fit un extrait des idées purement philosophiques, et le publia sous le titre de : *Esprit de Raynal*.

L'*Esprit de Raynal* fut proscrit, en 1777, par le garde des sceaux.

Parmi les auteurs des réfutations, je me bornerai à citer un Américain, le fameux Payne, dont l'ouvrage est presque une pure apologie de Raynal. Cet écrivain signale avec une bienveillance pleine de respect, plusieurs erreurs dans lesquelles était tombé l'historien français, relativement aux affaires de l'Amérique septentrionale.

Avant 1770 et même après, l'on vit Raynal, interrogateur infatigable, poursuivre, avec une espèce d'acharnement, tous ceux qui, en France, pouvaient lui donner quelque lumière, lui fournir quelque renseignement sur les colonies. Lorsqu'il eut épuisé le savoir de ses compatriotes, le désir de perfectionner son œuvre l'entraîna au-delà de la frontière, et lui fit poursuivre le cours de ses investigations sur le sol des Stathouders. Quand il eut tiré des Hollandais tout le parti possible, il s'embarqua et se rendit en Angleterre. Son nom était populaire dans cette île. Il y fut reçu avec les plus grands honneurs. Une salve d'artillerie annonça son entrée au port de Plymouth (1). La société royale de Londres s'empressa de l'admettre dans son sein. L'assemblée des Communes lui accorda une distinction plus honorable encore. Raynal assistait à l'une des séances de cette illustre assemblée ; l'*orateur* (président) en ayant été instruit, fit préparer une

---

(1) Biographie inédite déjà citée.

place d'honneur, et la séance fut en quelque sorte suspendue, jusqu'à ce que les membres les plus éminents des Communes fussent allés engager Raynal à venir en prendre possession.

De retour en France, Raynal mit en œuvre les documents nouveaux qu'il s'était procurés, et lorsqu'il eut rédigé une nouvelle édition, il la fit tirer secrètement à trois exemplaires, chez l'imprimeur Stoupe, en envoya un à Genève, en prit un pour lui et laissa le troisième à Stoupe. Puis, il se rendit à Genève pour surveiller l'impression de son livre, qu'il signa cette fois de son nom, et sur le frontispice duquel il fit graver son portrait (5).

VI.

Sur cette terre libre, son cœur se sentit à l'aise. Il s'efforça de rétablir l'harmonie entre les deux partis qui se divisaient l'Helvétie, mais ce fut en vain.

A Lausanne, il fonda trois prix pour être distribués à trois vieillards que leur conduite intègre et leur vie laborieuse n'auraient pas mis à l'abri de l'indigence.

Etonné de ne trouver, en Suisse, aucun monument érigé en l'honneur des trois fondateurs de la liberté helvétique, de Furst, Melchtel et Stauffachez, il en fit élever un à ses frais, dans la vallée de Gruetly, au lieu même où ces trois généreux Suisses avaient formé leur glorieux projet, et donna ainsi une leçon de haute moralité à une nation sinon ingrate, du moins tardive à acquitter ses dettes d'honneur.

Quand son ouvrage fut imprimé, Raynal rentra en France,

---

(5) Portrait fort sot, tant il est farouche et fort peu ressemblant, lit-on dans la correspondance de Grimm. Cette édition était la quatrième.

Le musée de la Société des Lettres possède un buste de Raynal, sculpté par Gayrard, et la copie de son portrait que la municipalité de Saint-Geniez a tenu à honneur de placer dans la salle de ses séances. Ce portrait est dû au pinceau de Mme Delzers, née Girou de Buzareingues.

se reposant sur l'industrie de son libraire du soin d'éluder les mesures prises par le gouvernement français, pour empêcher l'introduction de la nouvelle édition de l'*Histoire philosophique*.

Lors de son passage à Lyon, l'Académie de cette ville lui donna un de ses fauteuils. Pour reconnaître cette distinction, Raynal déposa au secrétariat de cette Académie la valeur de deux prix, pour être décernés, le premier, à celui qui traiterait le mieux la question suivante : « Quels ont été les principes qui ont fait prospérer les manufactures qui distinguent la ville de Lyon? Quelles sont les causes qui peuvent leur nuire? Quels sont les moyens d'en maintenir et d'en assurer la prospérité? — Le second, à l'auteur du meilleur Mémoire sur la question de savoir si la découverte de l'Amérique a été utile ou nuisible au genre humain? » Voyager ainsi, s'écrie l'un des auteurs de la correspondance de Grimm, n'est-ce pas voyager avec la magnificence d'un prince? Cette magnificence fit des envieux. Ceux qui avaient lu dans l'*Histoire philosophique* un trait, un fait qu'ils avaient raconté à l'auteur, s'en allèrent par le monde se targuant du titre de collaborateurs de Raynal. Comme Raynal avait questionné beaucoup de monde, avait puisé dans beaucoup de mémoires, le nombre des collaborateurs de Raynal s'accrut prodigieusement. Ces gens-là étaient tout glorieux en pensant qu'un lambeau de leur esprit et de leur savoir était l'une des pièces de l'*Histoire philosophique*. Ce lambeau bien pesé, bien envisagé sous toutes les faces, valait son poids d'or. C'était, à n'en pas douter, le morceau saillant du livre. La plus grande, la plus pure partie des honneurs rendus à Raynal leur revenait de plein droit, et il ne venait pas leur en faire hommage, l'ingrat! Il avait osé signer cela de son nom, l'imposteur? On le lui fit bien voir. Et tout à l'heure, lorsque Raynal sera décrété de prise de corps, qu'on annotera ses biens et que le bourreau brûlera son livre au pied du grand escalier du Palais (1), on les verra rire dans leur barbe. Ils se gardèrent bien d'aller détourner sur leur propre tête l'orage

---

(1) Le 29 mai 1781, Raynal put mettre ses biens en sûreté.

qui grondait sur celle de Raynal, qui aurait été pourtant, d'après eux, bien innocent des hardiesses de l'*Histoire philosophique*.

Déjà un arrêt du conseil, du 19 décembre 1779, avait interdit l'introduction de cette histoire comme imprimée à l'étranger. Cet arrêt avait été illusoire, grâce à la vénalité d'un fonctionnaire qui, au rapport de Laharpe, s'était laissé fermer les yeux moyennant 12 fr. par exemplaire.

L'année suivante, qui est celle où nous sommes, on s'y prit mieux. Il est vrai que Raynal avait, dans la dernière édition, mieux aiguisé son arme, ménagé moins que jamais la religion et le pouvoir. Il n'avait même pas craint de s'attaquer à l'homme le plus puissant du royaume, après le roi, au comte de Maurepas. Si la blessure fut profonde, le châtiment fut prompt. Il aurait même été plus prompt encore si l'on n'avait pas craint d'avoir l'air de se venger. Une main obligeante déposa sur le bureau de Louis XVI un volume de l'*Histoire philosophique*, relié de telle sorte qu'il s'ouvrait aux passages les plus répréhensibles : à celui-ci peut-être : « L'Eglise romaine a détruit, autant qu'il était possible, les principes de justice que la nature a mis dans tous les hommes. » Le doux et pieux monarque fut indigné ; il fit des reproches à M. de Vergennes et au garde-des-sceaux, pour avoir permis que de pareilles impiétés circulassent dans les Etats du roi très chrétien. La condamnation de Raynal n'était plus douteuse.

Il était alors à Paris jouissant en paix du fruit de son économie et de sa prodigieuse activité ; la cour et la ville se disputaient la faveur d'être admis à ses déjeûners. C'était l'homme à la mode, l'écrivain dont le nom était dans toutes les bouches. Un avis officieux de l'avocat général Séguier, chargé des poursuites, vint troubler les charmes de ce genre de vie. On l'engageait à se tenir sur ses gardes. Raynal prit à la hâte le chemin de Bruxelles, et *fit bien*, dit Laharpe, *car qui sait, lorsqu'il aurait été entre leurs mains, jusqu'où les robes noires auraient porté la mauvaise humeur ?*

Quant l'avocat général fut bien certain que la personne de Raynal était à l'abri de ses coups, il fronça le sourcil, prit sa toque et sa robe et alla au palais tonner contre les écrivains assez téméraires pour saper les fondements de la religion et du pouvoir souverain. La harangue dut être éloquente, car la condamnation fut sévère.

La Faculté de théologie qui naguère avait censuré Buffon pour avoir contredit la *Genèse*; Marmontel, à cause de son *Bélisaire*; Montesquieu, pour son *Esprit des Lois*, n'eut pas besoin de grands efforts de sagacité quand parut l'*Histoire philosophique*. Raynal avait parlé sans détour; son œuvre fut qualifiée de délire d'une âme impie.

Un partisan de Raynal fit imprimer séparément les propositions condamnées par la Sorbonne et les fit suivre de quelques observations.

Un archevêque, celui de Vienne, si ma mémoire est fidèle, rédigea un mandement contre l'*Histoire philosophique*.

Raynal perdit, comme de raison, les pensions que lui payait le gouvernement. Un homme de lettres à qui l'une de ces pensions fut offerte la refusa, et on ne dit pas qu'il ait été moins estimé du public.

Tels sont les coups qu'en France on dirigea contre Raynal.

En Belgique, la censure de la Faculté de Paris eut un écho. Sur la sollicitation du prince Henri de Prusse, Raynal avait obtenu un asile à Spa. Sa présence dans cette ville eut le malheur d'inspirer, à un jeune poète du pays, une cinquantaine de vers qu'il publia sous le titre d'*Epître de la Nymphe de Spa, à l'abbé Raynal*. Je soupçonne fort cette nymphe d'avoir été assez peu familière avec ses sœurs du Parnasse. Si elle les eût consultées sur ses vers, elles l'auraient, j'imagine, doucement engagé à changer quelques expressions peu séantes dans la bouche d'une personne aussi bien élevée qu'elle, le mot *cagot*, par exemple, et quelques autres non moins rudes que certains personnages fort susceptibles prirent pour des personnalités. La nymphe de Spa ne manquait du reste pas de verve.

> Dans ces forêts, en mon réduit sauvage
> Où les beaux jours amènent, tous les ans,
> Tant d'êtres nuls, tant de fous différents,
> Avec orgueil, j'ai vu paraître un sage,
> . . . .

Vers toi l'Europe a ses bras étendus,
Venge ses droits et la cause sacrée.
....

Le synode de Liége n'ayant pas mission de prendre en sous-œuvre la tâche que la Faculté de Paris avait si bien remplie, rédigea, pour le prince-évêque, un mandement dans lequel ce prélat apprenait avec douleur à ses ouailles *qu'une brebis avait été assez audacieuse pour oser publier l'éloge d'un homme dont les ouvrages sont si justement condamnés comme impies, blasphématoires et séditieux.*

Cette censure, sans à-propos, irrita Raynal qui prit la défense de son admirateur dans une lettre qu'il lui adressa et dans laquelle il dépassa plus qu'il n'avait jamais fait les limites de la modération et du bon ton.

Durant son séjour à Spa, il eut l'honneur de dîner chez le prince Henri avec l'empereur Joseph. Le maintien et la conversation de notre auteur furent décents jusqu'au dessert, mais alors il ne tint à rien qu'il n'entreprît d'endoctriner Sa Majesté impériale aussi librement que s'il avait été sur sa chaise de paille, la plume à la main.

De Spa il se rendit à Gotha où il fut bien reçu. Il s'y trouvait lorsqu'une princesse russe, venant de Paris et se rendant à Berlin, lui offrit dans sa voiture une place qu'il accepta. Il fallut que Raynal fût un Français proscrit pour qu'on lui fît cette offre. C'était la princesse d'Achkoff, femme marchant toujours à grand pas, la tête haute, ayant le regard hardi et impérieux. Elle s'était, un jour d'été, assise aux Tuileries, lorsqu'elle fut reconnue par quelqu'un qui, en l'apercevant, s'écria : *Voilà la princesse qui a fait étrangler l'empereur de Russie.* — Il n'en fallut pas davantage pour qu'un cercle épais se formât autour d'elle. Parmi ceux qui la serraient de plus près, se trouvait un chevalier de Saint-Louis, joignant à l'air d'un homme bien né une physionomie austère. Ce fut à lui que la princesse s'adressa. — Monsieur, qu'avez-vous à me considérer ainsi? — Madame, je vous demande bien pardon, je vous *regarde*, mais ne vous *considère* pas. — A ce mot, elle part, rentre chez elle, demande des chevaux de poste, et arrive à Gotha, où elle espère avoir trouvé quelqu'un avec qui elle puisse deviser tout à son aise contre les Français et charmer ainsi l'ennui du voyage.

VII.

Pendant que notre abbé est mollement traîné, à côté de la princesse d'Achkoff, vers la capitale de la Prusse, l'ordre chronologique, qui préside à ce travail biographique et critique, nous ramène en Angleterre, pour enregistrer un honneur que Raynal y reçut dans la personne de son neveu. Celui-ci, qui était allé noblement verser son sang pour l'indépendance américaine, ayant été fait prisonnier sur le vaisseau le *Suffren*, et conduit à Londres, le ministre de la marine n'en fut pas plutôt instruit, qu'il lui rendit la liberté en lui disant : que c'était bien le moins qu'il pût faire pour le neveu d'un homme dont les écrits avaient été si utiles à toutes les nations commerçantes. Le premier ministre du cabinet de Saint-James écrivit lui-même à Raynal une lettre dans laquelle il lui marquait que le roi avait fort approuvé la conduite spontanée du ministre de la marine. Le gouvernement anglais se rappela, en cette circonstance, que les grands écrivains n'ont pas de patrie et que la république des lettres est sans frontière. — Mais allons à Berlin.

Nous nous guiderons d'abord dans cette ville à la lumière des *Souvenirs de Dieudonné Thiébault;* mais comme cet écrivain nourrissait contre Raynal une profonde antipathie, il n'a guère gravé dans sa mémoire que ce qu'il a vu, entendu ou appris de désagréable à l'homme dont nous cherchons les traces dans l'histoire. Le lecteur jugera si l'auteur des *Souvenirs* n'a pas quelquefois laissé se refléter dans son livre les sentiments haineux dont il était imbu. Je vais laisser aux faits qu'il raconte les couleurs dont il a fait usage ; seulement je serai plus bref.

A l'en croire, Raynal se serait d'abord installé, à rien ne coûte, chez un honnête libraire nommé Piltra, et ensuite serait entré, à des conditions aussi peu onéreuses pour sa bourse, chez Tassaërt, sculpteur du roi; de plus, il aurait indignement abusé de l'hospitalité qui lui fut si généreusement offerte, au point que Tassaërt n'aurait pu dans la suite entendre parler de lui sans s'écrier que c'était *un hâbleur, un gascon qui n'avait que de l'effronterie et de la jactance.*

Il aurait eu cependant, chez ce même Tassaërt, deux accès de libéralité et donné, à ses frais, deux déjeûners, dont l'un, le dernier, aurait été honoré de la présence de la princesse Ferdinand. Durant le repas, la princesse aurait dit au philosophe proscrit qu'elle allait passer l'été à *Frederics-Feld*, que s'il lui prenait envie de l'y aller voir, il y trouverait un appartement qu'elle allait faire préparer pour lui.

Raynal aurait eu l'air de se faire beaucoup prier et serait allé de tous côtés, disant qu'il était bien fâché de quitter Berlin, mais qu'il n'avait vraiment pas pu résister aux instances pressantes de la princesse. Au château de *Frederics-Feld*, il se serait donné le plaisir de conter beaucoup, plaisir auquel il était fort sensible ; mais sa mémoire se serait enfin épuisée, il serait revenu sur des anecdotes déja racontées, aurait ennuyé son noble auditoire, et se serait attiré le persifflage que nous allons transcrire.

Un jour qu'il avait plus fatigué que de coutume par ses redites, la princesse prit un air malignement sérieux, et lui dit : « M. l'abbé, je suis trop franchement de vos amies pour vous laisser ignorer qu'on vous joue chez moi un tour perfide. — Comment, Madame, et quel tour peut-on me jouer? — Un tour dont vous ne vous doutez pas et qui peut vous nuire. — Et qui donc aurait conçu ce dessein? — Mon chambellan que vous voyez-là. — Lui, Madame, et que lui ai-je fait? que peut-il me faire? — Mon cher abbé, je vais vous dire ce qu'il fait; tous les jours, après-dîner, lorsque vous avez eu la complaisance de nous raconter quelques-unes de ces précieuses anecdotes, en quoi personne n'est aussi riche que vous, il n'a rien de plus pressé que d'aller se renfermer chez lui, et de transcrire non-seulement les histoires, mais encore la date des jours où vous les avez dites, et lorsqu'il vous arrive de vous répéter ou de changer quelque chose à vos histoires, ce que la faiblesse humaine ne nous permet guère d'éviter, il va noter les variantes sur la marge de son cahier, et y ajouter les mots *bis*, *ter*, etc. Vous voyez combien cela peut vous nuire ; pour moi, dès que j'en ai été instruite, j'ai senti qu'il était de mon devoir de vous le dire, quoique d'ailleurs je n'aie pas à me plaindre de mon chambellan. » Tout cela est fort spirituellement dit et surtout merveilleusement retenu par Thiébault qui, on doit le croire, a entendu le piquant dialogue qu'il a inséré parmi ses *Souvenirs*.

Quoi qu'il en soit, Raynal sentit parfaitement les griffes que couvraient ces paroles de velours, et chercha un prétexte pour quitter le château de la princesse Ferdinand. Il revint à Berlin. Il ne voulait pas quitter la Prusse sans avoir vu le grand Frédéric. Déjà mille petits ressorts qu'il avait mis en jeu avaient échoué. On s'était chargé de parler de lui au roi ; mais celui-ci avait fait semblant de ne pas entendre. Évidemment ce monarque avait quelque sujet d'en vouloir à Raynal, car, dans plusieurs circonstances, il avait professé pour lui une grande estime. Le 29 octobre 1750, il avait ordonné à son Académie de recevoir l'auteur du *Stathoudérat* au nombre des membres *externes*. Lorsque l'*Histoire philosophique* avait paru, il s'était mis à la lire, et en avait parlé pendant plusieurs jours, à son dîner, avec une sorte d'enthousiasme. Un jour cependant il s'était tû. C'est celui où il avait lu la fameuse apostrophe : « O Frédéric ! tu fus un roi guerrier.... tu fus.... sois plus.... Tu livras tes monnaies à des juifs, tes finances à des brigands étrangers, etc. » Dès lors, il ne parla plus de l'histoire, ni de l'auteur. Il avait applaudi à tous les passages qui s'adressaient aux fanatiques, aux ignorants et aux tyrans ; son amour-propre avait été chatouillé en lisant les apostrophes adressées aux autres princes de l'Europe ; mais quand il vit que le roi philosophe ne faisait pas une brillante exception, le dépit s'empara de son âme irascible, et sa haine contre l'auteur s'accrut de toute l'admiration qu'il avait déjà hautement professée pour lui. Son amour-propre avait été froissé, il se vengea en blessant la vanité de Raynal. Celui-ci était au désespoir, lorsqu'on lui conseilla d'aller voir Postdam, où se trouvait alors le prince rancuneux. « L'officier de garde portera, lui dit-on, votre adresse au roi, et s'il n'est pas malade ou de mauvaise humeur, il vous fera appeler; autrement vous pouvez compter qu'il a résolu de ne vous voir jamais. » Raynal suivit ce conseil et fut appelé. « Monsieur l'abbé, lui dit le roi, asseyons-nous ; à votre âge et au mien on ne peut causer debout. Il y a longtemps que je vous connais de nom ; j'ai lu, il y a bien des années, et je m'en souviens encore, vos *Histoires du Stathoudérat* et du *Parlement d'Angleterre*. — J'ai fait des ouvrages plus importants depuis. — Je ne les connais pas, répliqua vivement le malicieux monarque. »

Raynal obtint du roi un second entretien ; mais le roi ne le lui avait accordé que pour se donner le plaisir de lui lancer à bout portant un nouveau trait. « Tel est le fonds, observe Thiébault, du livre duquel nous avons extrait tous ces faits ; tel est le fonds sur lequel ce prêtre, revenu en France, disait à tout le monde, qu'il voyait le roi de Prusse tous les jours, et qu'il en était consulté sur les affaires les plus importantes. »

Il y a cela de particulier dans l'histoire des hommes qui se sont trouvés à la tête d'une opinion puissante, qu'à chaque page de leur vie on est obligé de dénouer une difficulté, de se prononcer sur un fait diversement rapporté. Selon Grimm, les relations de Raynal avec le roi de Prusse auraient été bien différentes. Voici sa version, telle qu'on la lit dans Désessarts : « Le roi était alors à Postdam ; il envoya un chambellan lui témoigner le désir de le voir. Raynal se préparait à partir, lorsque l'officier lui observa que l'étiquette exigeait, en pareil cas, de demander par écrit la permission d'être présenté. *Cela étant*, répondit Raynal, *je n'irai point : je suis prêt à obéir au souverain qui m'appelle et dans les Etats duquel je suis; mais je n'ai rien à lui dire, ni à lui demander.* » La réponse ayant été rendue à Frédéric, il passa pardessus l'étiquette, et renvoya, le lendemain, le même chambellan dire à Raynal qu'il demandait à le voir ; mais l'officier ayant observé en route que tout le monde restait debout et découvert devant le roi : *je le prierai donc*, répondit Raynal, *de me renvoyer ou de me faire asseoir*. Frédéric prévenu, sacrifia encore l'étiquette, et après lui avoir dit en l'abordant des choses flatteuses, il ajouta : *à votre âge et au mien on ne peut rester debout*, et le fit asseoir.

Qui croire? Lequel du philosophe ou du monarque s'inclina devant l'autre? Raynal fut-il bassement avide d'une audience du roi de Prusse, ou bien se conduisit-il en vrai Diogène, aussi peu ébloui que l'autre par l'éclat du pouvoir souverain, et non moins capable de dire à l'Alexandre de la Prusse : ôte-toi de devant mon soleil?

S'il me fallait choisir et me prononcer sur ces deux récits, je dirais que je suis porté à croire que Grimm et Thiébault ont l'un et l'autre exagéré, brodé, consulté plus leur sympathie que la vérité, et, si l'on me demandait d'appuyer de quelques documents mon opinion, je citerais les trois passages de lettre que je vais transcrire.

On n'a pas oublié que Raynal ne sortit de France, qu'en 1781, durant l'hiver. Il passa une année à Spa ou à Gotha, et ne quitta cette dernière ville qu'en 1782, encore en hiver. Or, voici ce qu'on lit dans une lettre du roi de Prusse, datée du mois de mars de cette dernière année, et adressée à d'Alembert : «..... Et l'abbé Raynal, qui est à présent dans un affreux cachot de la Bastille, après s'être trouvé, il y a à peine six mois, à côté du czar Joseph, dînant à Spa, en compagnie de ce monarque : j'aurais cru qu'une sauve-garde contre tout opprobre était d'avoir conversé, une fois dans sa vie, avec un *caput orbis.* »

D'Alembert lui répondit : « Votre Majesté est mal informée sur le compte de l'abbé Raynal.... Il voyage en ce moment en Allemagne et n'oubliera pas, dans ce voyage, de voir le monarque philosophe, qui vaut mieux à voir que tous les électeurs et même tous les czars, et je ne doute pas que Votre Majesté ne le console de toutes les persécutions que le fanatisme lui a fait éprouver. »

Raynal arriva enfin à Berlin, et, dans une lettre du roi à d'Alembert, datée du mois de mai de la même année, on lit :

« ..... Savez-vous ce qui vient d'arriver? moi qui croyais l'abbé Raynal enfermé dans quelque prison de votre inquisition, je le vois arriver ici; il viendra chez moi cet après-dîner, et je ne le quitterai pas que je ne l'ai coulé à fond. »

« Enfin, dit Frédéric, dans une troisième lettre, enfin j'ai vu l'auteur du *Stathoudérat* et du *Commerce des deux Indes* : il est plein de connaissances qu'il doit aux recherches curieuses qu'il a faites : j'ai cru m'entretenir avec la Providence. Tous les gouvernements sont pesés à sa balance, et l'on risque le bannissement à oser affirmer timidement que le commerce d'une puissance est de quelques millions plus lucratif qu'il ne l'annonce. »

Entre la date de la première et la date de la dernière de ces trois lettres, il y a environ deux mois; or, j'ai peine à croire que dans si peu de temps Raynal ait commis tant d'indiscrétions qu'on veut bien le dire, chez le bon Piltra et chez Tassaërt; qu'il ait fait tant bailler les nobles convives du château de Frédéric-feld, et enfin épuisé toutes les ressources de son imagination et de celle de ses partisans, pour s'ouvrir les portes de Postdam.

Si l'assertion de Thiébault s'évanouit en face de la correspondance du roi de Prusse, on ne doit pas adopter, sans quelque restriction, l'assertion de Grimm. Lorsque Raynal arriva à Berlin, la philosophie française était bien déchue de son crédit à la cour de Frédéric. Ce monarque, après avoir marché sous la bannière des philosophes qu'il croyait commander, s'était tourné contre eux lorsqu'il avait vu qu'ils le dépasssaient et allaient là où il ne voulait point les suivre. En même temps qu'il réfutait le *Système de la nature*, il accueillait et caressait les jésuites, proscrits dans le reste de l'Europe.

Nous signalerons encore une erreur de Thiébault. Il donne à entendre que Raynal ne forma le projet d'écrire l'*Histoire de la révocation de l'édit de Nantes*, qu'après avoir lu, et que pour mettre en œuvre des recherches, faites par Erman, supérieur du séminaire français à Berlin. Cette assertion est démentie par l'avertissement mis en tête de l'édition de Genève, qui parut, comme on sait, deux années avant l'arrivée de Raynal à Berlin, et dans lequel l'auteur dit qu'il *consacrera le peu de force qui lui reste à écrire l'Histoire de la révocation de l'édit de Nantes*.

Puisque j'en suis au chapitre des rectifications, je signalerai deux fausses citations que l'on trouve dans la *Biographie universelle*. D'abord on y falsifie le passage ci-dessus de la dernière lettre de Frédéric, et, en second lieu, on prétend que Voltaire, dans une lettre à Condorcet, qualifie l'*Histoire philosophique* d'un *réchauffé avec de la déclamation*. Je ne connais pas d'autorité plus imposante en matière de goût que celle de Voltaire. Je crois donc de mon devoir de rapporter les termes mêmes dans lesquels cette lettre est conçue : «....... Je fais venir, sur votre parole, l'*Histoire du Commerce des deux Indes*. J'ai bien peur que ce ne soit un réchauffé avec de la déclamation. La plupart des livres nouveaux ne sont que cela. »

Raynal paraît s'être livré avec ardeur, durant son séjour en Prusse, à des recherches sur l'*Histoire de la révocation de l'édit de Nantes*. Frédéric, dans plusieurs lettres, marque à d'Alembert que l'historien français s'occupe de cet ouvrage. Dans l'une d'elles, il blâme ce projet, et dit que *Raynal enverra son livre à Louis XIV par le premier courrier qui partira pour les Champs Elysées.*

Emprunterons-nous encore, avant de quitter la Prusse, à l'auteur des *Souvenirs*, le récit d'une espièglerie de femmes, dont Raynal aurait été victime? Dirons-nous à quel stratagème sept dames allemandes eurent recours, chez Delaunay, pour se soustraire aux importunités de l'abbé, qui ne se lassait pas de leur prendre les mains et de les baiser? Non. J'aime mieux renvoyer ceux qui ont le temps de lire des frivolités, au livre de Thiébault, où cette espièglerie est racontée d'une manière, il est vrai, fort piquante.

VIII.

De Berlin, Raynal partit pour la Suisse, sous prétexte d'aller mettre son buste, sculpté par Tassaërt, sur le monument qu'il avait fait élever en l'honneur des trois fondateurs de la liberté helvétique. Nous ne dirons rien de son voyage, si ce n'est que Delaunay, qui lui offrit une place dans sa voiture, aurait été assez heureux, au rapport un peu suspect de Thiébault, pour jeter les yeux dans un volume manuscrit, fort épais, dont Raynal avait soin de ne se séparer jamais, ce qui avait excité, au suprême degré, la curiosité de son compagnon de voyage. Or, ce volume aurait été rempli des histoires que Raynal racontait avec une mémoire qu'on trouvait prodigieuse.

En Suisse, Raynal alla voir Lavater, et lui demanda ce que sa physionomie faisait augurer de ses qualités morales. Le docteur, après s'être défendu longtemps, monta sur son trépied et parla en ces termes : « Cette grosse tête est celle d'un penseur ; ces cheveux blancs et clair-semés prouvent que vous n'avez pas toujours été tempérant avec le beau sexe ; ce front large et saillant désigne la hardiesse et même l'effronterie ; ces sourcils arqués et bien fournis donnent de l'expression à votre physionomie ; ces yeux creux et vifs sont d'un homme spirituel et malin ; les nez retroussés comme le vôtre appartiennent ordinairement aux impudents ; cette large bouche marque que vous n'avez pas été toujours indifférent sur les plaisirs de la table : quant au menton recourbé, ah ! c'est celui d'un satyre, et les joues creuses et livides celles de l'envie. »

Le portrait n'est pas flatté. A-t-il été tracé ? Probablement non. Ce qui est certain, c'est que Lavater ne lui a pas donné place dans son grand ouvrage. Le célèbre auteur du système physiognomonique y a, cependant, pris pour type la tête de Raynal, mais il se borne à dire que cette tête est celle d'un penseur, doué de l'esprit d'analyse et de détail, qui traite la matière à fond, et ne cède pas aisément à l'opinion d'autrui : il lui reconnaît encore la faculté de saisir rapidement un grand nombre d'objets.

Raynal se proposait de s'établir à Lausanne où il avait loué, pour deux années, un appartement, lorsque, grâce au crédit de ses amis et de Malouet en particulier, il put, en 1787, rentrer en France, sous la condition formelle qu'il n'habiterait pas dans le ressort du Parlement de Paris.

IX.

La dernière partie de la vie de Raynal n'est pas la moins intéressante. A son retour d'au-delà du Rhin, le séjour de la capitale lui étant interdit, il se rendit à Saint-Geniez (1), et

---

(1) La Société des Lettres possède l'original d'une lettre, datée de Saint-Geniez le 16 août 1784, et adressée à M. Grand, banquier, à

tout porté à croire qu'il était dans l'intention de s'y fixer ; mais cette ville, bien qu'élégante et même un peu coquette en son beau vallon, ne sut pas retenir, dans son étroite enceinte, le plus illustre de ses enfants. Elle ne put le soustraire à un mal auquel hélas ! est soumis, dans les petites localités, quiconque a vieilli dans la poudre des grandes bibliothèques et dans l'intimité des hommes qui sont au pouvoir. Il y a loin, en effet, des ressorts mis en jeu par ceux qui régissent les empires à ceux dont se servent les rivalités des petites villes. Raynal ne put descendre au niveau de ces passions mesquines, ni réduire son savoir aux proportions de la science des savants de Saint-Geniez, et il quitta sa patrie au bout de trois ou quatre mois, non pas toutefois sans y laisser une trace durable de ce court séjour.

Depuis près de neuf ans, le Rouergue et le Quercy étaient soumis à une administration, de glorieuse mémoire, à l'administration de la Haute-Guienne. Raynal s'associa à ses sages efforts en mettant à sa disposition une rente de 1,200 livres, pour être annuellement distribuée aux petits cultivateurs-propriétaires qui auraient le mieux exploité leurs terres. Plus tard, quand il y eut des départements, le Lot et l'Aveyron se partagèrent cette rente (1).

Cette même époque (1787-88) fut marquée par un événement qui affligea profondément Raynal. Lors de son voyage

---

Paris, où on lit : « Je vous ai écrit, mon ami, à mon départ de Lausanne. Les médecins de Montpellier m'ont confirmé dans l'usage du lait, qui me servira désormais de nourriture, comme il m'en a servi neuf ou dix mois. Le voyage a altéré de nouveau ma santé, mais le repos pourra la rétablir encore........ M. Tassaer, sculpteur du roi à Berlin, a fait mon buste en marbre. Il vous demandera douze cents livres pour cet ouvrage et, peut-être, quelque chose de plus pour les frais. Je vous prie de payer cette somme lorsqu'il en sera besoin. Je suis maintenant dans ma famille à Saint-Geniez, en Rouergue. C'est une consolation que je devais à mes parents. J'ignore combien de temps j'y resterai........»

(1) Le titre de cette rente n'existe plus ou, du moins, il est inconnu dans les deux départements. Le bénéfice de cette fondation est ainsi perdu.

en Angleterre, il y avait à Londres une jeune dame indienne, non moins remarquable par son extérieur plein de grâce que par les charmes de son esprit et par son instruction. Elle avait, comme tout le monde, lu l'*Histoire philosophique*, avec cette différence que les descriptions de mœurs, d'usages et tous les faits contenus dans les trois premiers volumes qui comprennent l'histoire du commerce des Indes-Orientales, patrie de cette dame, s'étaient reflétés dans sa pensée avec toute la vivacité du souvenir. Son admiration pour l'auteur fut extrême. A l'en croire, il n'y avait au monde aucun écrivain digne de lui être comparé. Cette dame s'appelait Elisa Draper. Sterne, qui brûlait d'amour pour elle, lui présenta l'historien français. J'ignore si la réalité lui sembla répondre à l'idée qu'elle s'en était formée d'avance ; mais ce que je sais, c'est que Raynal éprouva, en voyant Elisa, un sentiment qui lui était inconnu. Il s'est lui-même chargé d'en instruire la postérité (1). « Ce sentiment était trop vif, dit-il, pour être de l'amitié ; il était trop pur pour être de l'amour.» Dans l'édition de Genève, à laquelle il travaillait pendant que son esprit était obsédé par la charmante image de la belle Indienne, il célébra avec enthousiasme les perfections d'Elisa. Celle-ci avait promis à son amant, rentré en France, de quitter sa patrie, ses parents, ses amis, pour aller s'asseoir à côté de lui et parmi les siens. « Quelle félicité je m'étais promise ! s'écrie Raynal (2). Je me disais : Elisa est jeune, et tu touches à ton dernier terme ; c'est elle qui te fermera les yeux. » Amère déception ! Elisa n'avait que trente-cinq ans, et cependant la tombe la réclama plus tôt que son amant presque octogénaire.

Raynal, s'il faut en croire la rumeur publique, ne se piquait pas beaucoup de chasteté, et cependant, chose assez singulière ! des femmes qui ne dédaignèrent pas les hommages de ce prêtre, il n'en est qu'une dont, à la faible distance

---

(1) *Conservateur* de 1787, t. II. Ce même tome contient un autre article de Raynal sur le chevalier Temple. Ces deux articles sont les seuls qu'il ait fournis à ce Recueil.

(2) *Conservateur* de 1787, t. II.

où nous sommes, il soit possible de dire le nom ; encore est-ce celle qui le fit soupirer sous les glaces de la vieillesse et à laquelle il n'a pu être uni que par un lien spirituel, pour parler comme au bon temps de la chevalerie.

A son départ de Saint-Geniez, Raynal alla habiter la maison de son ami Malouet, intendant de la marine royale à Toulon.

L'année suivante, le tiers Etat de la ville de Marseille le nomma son représentant aux Etats généraux ; mais il n'accepta pas ce glorieux mandat, s'excusant sur son grand âge. Il usa de tout son crédit en faveur de Malouet, qui lui dut son élection.

En 1790, la Société d'agriculture de Paris reçut de lui une rente annuelle destinée à l'achat d'instruments modèles de culture, pour envoyer dans les départements.

Cette année est féconde en matériaux pour la biographie qui m'occupe : c'est celle où il assura aux malades indigents de Saint-Geniez le bouillon et les remèdes. Le 15 avril s'ouvrirent pour lui les portes de la capitale. Malouet demanda, ce jour-là, que le président de l'Assemblée nationale se retirât par devers le roi pour le prier d'ordonner que le décret du Parlement fût regardé comme non avenu. Cette proposition fut adoptée, malgré quelques paroles de l'évêque de Clermont, et l'arrêt du Parlement fut cassé comme contraire à je ne sais plus quel droit imprescriptible de l'homme.

Raynal eût préféré que le décret du Parlement fût annulé par une autorité plus compétente, sinon plus élevée.

On lit, en effet, dans une lettre inédite qu'il écrivit, le 24 septembre 1790, à l'un de ses amis : « Ce n'est qu'à l'extrémité qu'on a eu recours à l'Assemblée nationale. Il m'aurait été agréable que le décret eût été annulé par le conseil du roi ou par le Parlement lui-même. Le garde des sceaux et le procureur général me l'avaient formellement promis. L'ascendant qu'ils ont sur leurs compagnies a été moins fort que les préjugés qu'ils y ont trouvés. »

Il écrivait le même jour les lignes suivantes qui méritent d'être conservées :

« Vous m'avez appris qu'il existait une *Histoire de la*

» *Révocation de l'Edit de Nantes.* Je n'y ai directement,
» ni indirectement aucune part. Dans les circonstances
» actuelles, cette publication me paraîtrait fort déplacée. Il
» n'y a que trop de fermentation dans les esprits. » Il
ajoutait : « Le royaume me paraît dans une situation déplo-
» rable. Le régime qu'on a établi est impraticable, et il est
» peut-être impossible de le changer. »

Raynal avait suivi avec émotion les travaux de l'Assemblée
constituante, ainsi qu'on en trouve la preuve dans le passage
suivant d'une autre lettre qui porte la date du 30 septembre
1789 :

« Il fallait s'attendre que l'Assemblée nationale, formée
» par des gens qui eurent des intérêts si opposés, serait très
» tumultueuse. Il fallait s'attendre que, faute d'expérience,
» il y aurait beaucoup de temps perdu. Tout cela est
» arrivé. Cependant la machine est en mouvement, et grâce
» aux folies du 4 août, nous avons une Constitution et une
» Constitution meilleure que les plus confiants n'osaient
» l'espérer. Les sacrifices que la peur arracha à cette époque
» mémorable épargneront peut-être à la nature vingt ans de
» combats. Il y a des talents parmi les aristocrates, mais il y
» en a de plus grands et en plus grand nombre du côté des
» communes. »

Raynal n'arriva à Paris qu'en 1791 ; mais, dès l'année pré-
cédente, en décembre, il avait circulé dans cette ville une brochure intitulée : *L'abbé Raynal à l'Assemblée nationale.*
Dans cette brochure, que je déclare n'avoir pas lue, on ne
flattait pas les représentants de la nation. On accusait la
Constituante de conduire le vaisseau de l'Etat contre un écueil.
Les patriotes crièrent à l'imposture. Evidemment c'était une
machination ourdie au préjudice de l'auteur de l'*Histoire philosophique* et de la Révolution, qui se trouvait ainsi con-
damnée par ceux-là même à qui elle était redevable de son
existence. Ces patriotes se pressèrent trop. Ils ignoraient les
modifications qu'avaient subies les opinions de Raynal. Ils
reçurent, le 31 mai, un démenti formel. Qui ne connaît la lettre
du 31 mai ? Qui ne sait qu'elle est un des monuments les plus
mémorables de la période révolutionnaire qui clôt le dernier

siècle? Elle se distingue par la dignité du langage, par l'élévation et la vérité des idées, et mérite d'être transmise à la postérité. Elle était adressée au président de l'Assemblée nationale (1), qui, avant d'en donner lecture à la séance du 31 mai 1791, s'exprima ainsi :

« Un homme également connu par son éloquence et sa philosophie, M. l'abbé Raynal, m'a fait l'honneur de passer chez moi ce matin. Il m'a remis, en me priant de la présenter à l'Assemblée nationale, une adresse de lui : elle est écrite avec toute la liberté qu'on lui connaît. En félicitant l'assemblée de ses travaux, il ne l'adule point sur les fautes qu'il croit qu'elle a commises. L'Assemblée veut-elle en entendre la lecture? »

Cette adresse fut lue par M. Ricard, secrétaire de l'Assemblée, au milieu des plus vives interruptions (2).

---

(1) M. Bureau de Pusy.

(2) Nous croyons devoir reproduire en entier cette lettre qui est ainsi conçue :

« En arrivant dans cette capitale, après une longue absence, mon cœur et mes regards se sont tournés vers vous. Vous m'auriez vu aux pieds de cette auguste assemblée, si mon âge et mes infirmités me permettaient de vous parler sans une trop vive émotion, des grandes choses que vous avez faites, et de tout ce qu'il faut faire pour fixer sur cette terre agitée, la paix, la liberté, le bonheur qu'il est dans votre intention de nous procurer. Ne croyez pas que tous ceux qui connaissent le zèle infatigable, les talents, les lumières et le courage que vous avez montrés dans vos immenses travaux, n'en soient pénétrés de reconnaissance; mais assez d'autres vous en ont entretenus, assez d'autres vous rappellent les titres que vous avez à l'estime de la nation. Pour moi, soit que vous me considériez comme un citoyen usant de droit de pétition, soit que, laissant un libre essor à ma reconnaissance, vous permettiez à un vieil ami de la liberté de vous rendre ce qu'il vous doit pour la protection dont vous l'avez honoré, je vous supplie de ne point repousser des vérités utiles. J'ose depuis longtemps parler aux rois de leurs devoirs; souffrez qu'aujourd'hui je parle au peuple de ses erreurs, et à ses représentants des dangers qui nous menacent. Je suis, je vous l'avoue, profondément attristé des crimes qui couvrent de deuil cet empire. Serait-il donc vrai qu'il

Le point culminant de cette lettre, ce que l'auteur demande surtout, c'est qu'on rende au pouvoir exécutif la force qui lui est nécessaire pour resserrer les pièces de l'Etat qui se séparent et pour prévenir l'anarchie.

A peine cette lecture était-elle terminée, que plus de vingt

fallût me rappeler avec effroi que je suis un de ceux qui, en éprouvant une indignation généreuse contre le pouvoir arbitraire, ont peut-être donné des armes à la licence? La religion, les lois, l'autorité royale, l'ordre public, redemandent-ils donc à la philosophie, à la raison, les liens qui les unissaient à cette grande société de la nation française, comme si, en poursuivant les abus, en rappelant les droits des peuples et les devoirs des princes, nos efforts criminels avaient rompu ces liens? mais non, jamais les conceptions hardies de la philosophie n'ont été présentées par nous comme la mesure rigoureuse des actes de la législation.

» Vous ne pouvez nous attribuer, sans erreur, ce qui n'a pu résulter que d'une fausse interprétation de nos principes. Eh! cependant prêt à descendre dans la nuit du tombeau, prêt à quitter cette famille immense dont j'ai ardemment désiré le bonheur, que vois-je autour de moi! des troubles religieux, des discussions civiles, la consternation des uns, la tyrannie et l'audace des autres, un gouvernement esclave de la tyrannie populaire, le sanctuaire des lois environné d'hommes effrénés qui veulent alternativement ou les dicter ou les braver; des soldats sans discipline, des chefs sans autorité, des ministres sans moyens; un roi, le premier ami de son peuple, plongé dans l'amertume, outragé, menacé, dépouillé de toute autorité, et la puissance publique n'existant plus que dans les clubs où des hommes ignorans et grossiers osent prononcer sur toutes les questions politiques. (La partie gauche éclate en murmures.)

M. Boutidoux. Si l'on est d'avis d'entendre ces insolences-là... Je m'en vais.

M. le président. En vous annonçant la lettre de M. l'abbé Raynal, j'ai prévenu qu'elle était écrite avec liberté, et qu'elle ne flattait pas l'assemblée. J'ai demandé si elle voulait en entendre la lecture.

M. Dumetz. L'assemblée nationale soutiendra toujours son caractère; il faut entendre jusqu'au bout. (Le calme se rétablit. — La lecture est continuée.)

« Telle est, n'en doutez pas, telle est la véritable situation de la France : un autre que moi n'oserait peut-être vous le dire; mais je l'ose, parce que je le dois; parce que je touche à ma quatre-vingtième année... *(Une voix de la partie gauche :* On orateurs se disputaient la tribune. Robespierre parla le premier, et prononça un discours remarquable comme tous les autres, par cette roideur inflexible de principes qui le porta au pouvoir suprême et à l'échafaud. Dans cette circonstance, son langage ne fut pas dépourvu d'une certaine modération.

Autant les partisans des idées nouvelles avaient brûlé d'encens en l'honneur de Raynal, autant, à partir de ce jour,

le voit bien), parce qu'on ne saurait m'accuser de regretter l'ancien régime ; parce qu'en gémissant sur l'état de désolation où est l'église de France (on rit), on ne m'accusera pas d'être un prêtre fanatique ; parce qu'en regardant comme le seul moyen de salut, le rétablissement de l'autorité légitime, on ne m'accusera pas d'en être le partisan et d'en attendre les faveurs ; parce qu'en attaquant devant vous les citoyens qui ont incendié le royaume, qui en ont perverti l'esprit public par leurs écrits, on ne m'accusera pas de méconnaître le prix de la liberté de la presse. Hélas! j'étais plein d'espérance et de joie, lorsque je vous ai vu poser les fondemens de la félicité publique, poursuivre les abus, proclamer tous les droits, soumettre aux mêmes lois, à un régime uniforme, les diverses parties de l'empire. Mes yeux se sont remplis de larmes, quand j'ai vu les plus méchants des hommes employer les plus viles intrigues pour souiller la révolution ; quand j'ai vu le saint nom de patriotisme prostitué à la scélératesse, et la licence marcher en triomphe sous les enseignes de la liberté. L'effroi s'est mêlé à une juste douleur quand j'ai vu briser tous les ressorts du gouvernement, et substituer d'impuissantes barrières à la nécessité d'une force active et réprimante. Partout j'ai cherché les vestiges de cette autorité centrale qu'une grande nation dépose dans les mains du monarque pour sa propre sûreté : je ne les ai plus trouvés nulle part. J'ai cherché les principes conservateurs des propriétés, et je les ai vus attaqués. (Il s'élève de très-grands murmures.) J'ai cherché sous quel abri repose la liberté individuelle, et j'ai vu l'audace toujours croissante, invoquant, attendant le signal de la destruction que sont prêts à donner les factieux et les novateurs aussi dangereux que les factieux. J'ai entendu ces voix insidieuses qui vous environnent de fausses terreurs, pour détourner vos regards des véritables dangers, qui vous inspirent de funestes défiances pour vous faire abattre successivement tous les appuis du gouvernement monarchique : j'ai frémi surtout lorsqu'en observant dans sa nouvelle vie ce peuple qui veut être libre, je l'ai vu non-seulement méconnaître les vertus sociales, l'humanité, la justice, seules bases d'une liberté véritable, mais encore recevoir avec avidité les nouveaux germes de ils l'abreuvèrent d'outrages. Je n'en finirais pas si je voulais donner la liste complète des réfutations qui parurent sous la forme d'article de journal, ou sous la forme de brochure. Dans le plus grand nombre, on ne s'attacha pas à prouver que les craintes de Raynal étaient sans fondement, les dangers qu'il signalait chimériques, les conseils qu'il donnait

corruption, et se laisser par-là entourer d'une nouvelle chaîne d'esclavage. Ah! combien je souffre, lorsqu'au milieu de la capitale et dans le sein des lumières, je vois ce peuple séduit accueillir avec une joie féroce les propositions les plus coupables, sourire au récit des assassinats, chanter ses crimes comme des conquêtes (*Une voix de la partie gauche* : C'est un rapport de M. Malouet), car il ne sait pas, ce peuple, qu'un seul crime est la source d'une infinité de calamités. Je le vois rire et danser sur les bords de l'abîme qui peut engloutir même ses espérances. Ce spectacle de joie est ce qui m'a le plus profondément ému. Votre indifférence sur cette diversion affreuse de l'esprit public est la première et la seule cause du changement qui s'est fait à votre égard; de ce changement par lequel des adulations corrompues ou des murmures étouffés par la crainte ont remplacé les hommages purs que recevaient vos premiers travaux. Mais quelque courage que m'inspire l'approche de ma dernière heure, quelque devoir que m'inspire même l'amour de la liberté, j'éprouve cependant en vous parlant le respect et la sorte de crainte dont aucun homme ne peut se défendre lorsqu'il se place par la pensée dans un rapport immédiat avec les représentants d'un grand peuple.

» Dois-je m'arrêter ici, ou continuer à vous parler comme la postérité? Oui, je vous crois dignes d'entendre ce langage. J'ai médité toute ma vie les idées que vous venez d'appliquer à la régénération du royaume : je les ai méditées dans un temps où, repoussées par toutes les institutions sociales, par tous les intérêts, par tous les préjugés, elles ne présentaient que la séduction d'un vœu consolant. Alors aucun motif ne m'appelait à en faire l'application, ni à calculer les effets des inconvénients terribles attachés aux factions, lorsqu'on les investit de la force qui commande aux hommes et aux choses, lorsque la résistance des choses et des passions des hommes sont des éléments nécessaires à combiner. Ce que je n'ai pu ni dû prouver dans les circonstances et les temps où j'écrivais, les circonstances et les temps où vous agissez vous ordonnent d'en tenir compte, et je crois devoir vous dire que vous ne l'avez pas assez fait.

» Par cette faute unique, mais continue, vous avez vicié votre ouvrage, vous vous êtes mis dans une situation telle que vous funestes ou inutiles ; on s'en prit à la vie privée de l'auteur ; on entassa accusation sur accusation, et parmi ce tas d'injures, il en est de si grossières qu'on ne pourrait les transcrire que la rougeur au front. Je respecte trop mon lecteur pour salir ces pages de pareilles ordures.

La lettre de Raynal eut cependant une noble réponse que je ne puis m'empêcher de mentionner : elle fut insérée dans le *Moniteur* du 5 juin, et porte la signature d'André Chénier. J'en citerai même quelques lignes : « ..... Voltaire, Mon-

ne pouvez le préserver d'une ruine totale qu'en revenant sur vos pas (on rit encore dans la partie gauche. — *Une voix s'élève* : Cela est très-bien joué. — Voilà le système de ces messieurs.), ou en indiquant cette marche rétrograde à vos successeurs. Craindrez-vous de supporter seuls toutes les haines qui environnent l'autel de la liberté ? croyez que ce sacrifice héroïque ne sera pas le moins consolant des souvenirs qu'il vous sera permis de garder. Quels hommes que ceux qui, laissant à leur patrie tout le bien qu'ils ont su lui faire, acceptent et réclament pour eux seuls les reproches qu'ont pu mériter des maux réels, des maux graves ; mais dont ils ne pouvaient aussi accuser que les événements ? Je vous crois dignes d'une aussi haute destinée ; et cette idée m'invite à vous retracer sans ménagement ce que vous avez attaché de défectueux à la constitution française.

» Appelés à régénérer la France, vous deviez considérer d'abord ce que vous pouviez conserver de l'ordre ancien, et de plus ce que vous ne pouviez pas en abandonner. La France était une monarchie ; son étendue, ses besoins, ses mœurs, l'esprit national s'opposent invinciblement à ce que jamais des formes républicaines puissent y être admises, sans opérer une dissolution totale de l'empire. Le pouvoir monarchique était vicié par deux causes : les bases en étaient entourées de préjugés, et ses limites n'étaient marquées que par des résistances partielles. Épurer les principes en asseyant le trône sur sa véritable base, la souveraineté de la nation. Poser les limites en les plaçant dans la représentation nationale, était ce que vous aviez à faire. Eh ! vous croyez l'avoir fait ! Mais en organisant les deux pouvoirs, la force et le succès de la constitution dépendent de leur équilibre. Vous n'aviez à vous défendre que contre la pente actuelle des idées. Vous deviez voir que, dans l'opinion, le pouvoir des rois décline et que les droits des peuples s'accroissent : ainsi, en affaiblissant sans mesure ce qui tend naturellement à s'effacer, en fortifiant dans sa source ce qui tend naturellement tesquieu, Rousseau, Mably sont morts avant d'avoir vu fructifier les germes qu'ils avaient semés dans les esprits. Vous vivez, vous qui avez avec eux préparé les voies de la liberté : et comme dans ces associations ingénieuses où les vieillards qui survivent héritent de toute la fortune de leurs confrères,

à s'accroître, vous arrivez forcément à ce triste résultat : un roi sans autorité, un peuple sans frein. C'est en vous livrant aux écarts des opinions, que vous avez favorisé l'influence de la multitude, et multiplié à l'infini les élections populaires.

» N'auriez-vous pas oublié que les fréquentes élections, que les élections sans cesse renouvelées et le peu de durée des pouvoirs, sont une source de relâchement dans les ressorts politiques? N'auriez-vous pas oublié que la forme du gouvernement doit être en raison de ceux qu'il doit soutenir ou qu'il doit protéger? Vous avez conservé le nom de roi; mais dans votre constitution il n'est plus utile et il est encore dangereux : vous avez réduit son influence à celle que la corruption peut usurper; vous l'avez, pour ainsi dire, invité à combattre une constitution qui lui montre sans cesse ce qu'il n'est pas et ce qu'il pourrait être. Voilà déjà un vice inhérent à votre constitution, un vice qui la détruira si vous ou vos successeurs ne vous hâtez de l'extirper.

» Je ne vous parlerai point des fautes qui peuvent être attribuées aux circonstances, vous les apercevez vous-mêmes; mais le mal que vous pouvez détruire, comment le laisseriez-vous subsister? Comment, après avoir déclaré le dogme de la liberté des opinions religieuses, souffrez-vous que des prêtres soient accablés de persécutions et d'outrages? (Un mouvement d'indignation se manifeste dans la partie gauche.) Comment après avoir consacré les principes de la liberté individuelle, souffrez-vous qu'il existe dans votre sein une institution qui serve de modèle et de prétexte à toutes les inquisitions subalternes qu'une inquiétude factieuse a semées dans toutes les parties de l'empire? Comment n'êtes-vous pas épouvantés de l'audace et du succès des écrivains qui profanent le nom de patriote? Vous avez un gouvernement monarchique, et ils le font détester; vous voulez la liberté du peuple et ils veulent faire du peuple le tyran le plus féroce. Vous voulez régénérer les mœurs, et ils commandent le triomphe du vice et l'impunité des crimes. Je ne vous parlerai pas de vos opérations de finance. A Dieu ne plaise que je veuille augmenter les inquiétudes ou diminuer les espérances. La fortune publique est encore dans vos mains, mais croyez bien qu'il n'y a ni impôts, ni crédit, ni recette, ni dépense assurée, là où le gouvernement n'est ni puissant, ni respecté.

on se plaisait à accumuler sur votre tête le tribut de récompenses et d'hommages qu'on ne peut plus offrir qu'à leurs cendres..... Quel a donc été l'étonnement général quand on a vu que votre écrit..... ne renfermait que des plaintes

Quelle sorte de gouvernement pourrait résister à cette domination des clubs? Vous avez détruit les corporations, et la plus colossale de toutes les agrégations s'élève sur vos têtes, et menace de dissoudre tous les pouvoirs. La France entière présente deux tribus très-prononcées ; celles des gens de bien, des esprits modérés, classe d'hommes muets et consternés maintenant, tandis que des hommes violents s'électrisent, se serrent, et forment un volcan redoutable qui vomit des torrents de laves capables de tout engloutir. Vous avez fait une déclaration de droits et cette déclaration est parfaite si vous la dégagez des abstractions métaphysiques qui ne tendent qu'à répandre dans l'empire français des germes de désorganisation et de désordres. Sans cesse hésitant entre les principes qu'on vous empêche de modifier, et les circonstances qui vous arrachent des exceptions, vous faites toujours trop peu pour l'utilité publique, et trop pour votre doctrine. Vous êtes souvent inconstants et impolitiques au moment où vous voulez n'être ni l'un ni l'autre. Vous voyez qu'aucune de ces observations n'échappe aux amis de la liberté. Ils vous redemandent le dépôt de l'opinion publique, dont vous n'êtes que les organes ; l'Europe étonnée vous regarde ; l'Europe qui peut être ébranlée jusque dans ses fondements par la propagation de vos principes, s'indigne de leur exagération. Le silence de ses princes est peut-être celui de l'effroi. Eh! n'aspirez pas au funeste honneur de vous rendre redoutables par des innovations immodérées, aussi dangereuses pour vous-mêmes que pour vos voisins! Ouvrez encore une fois les annales du monde, appelez à votre aide la sagesse des siècles! Voyez combien d'empires ont péri par l'anarchie.

» Il est temps de faire cesser celle qui nous désole, d'arrêter les vengeances, les séditions et les émeutes, de nous rendre enfin la paix et la confiance. Pour arriver à ce but salutaire, vous n'avez qu'un moyen, et ce moyen serait, en révisant vos décrets, de réunir et de renforcer des pouvoirs affaiblis par leur dispersion, de confier au roi toute la force nécessaire pour assurer la puissance des lois, de veiller surtout à la liberté des assemblées primaires, dont les factions ont éloigné tous les citoyens vertueux et sages. (On applaudit et l'on murmure.) Croyez-vous que le rétablissement du pouvoir exécutif puisse être l'ouvrage de vos successeurs? Non, ils arriveront avec moins de force que vous n'en avez; ils auront à conquérir cette opinion populaire dont vous avez disposé. Vous pouvez seuls vaines, que des déclamations vagues et communes, sans aucune réflexion profonde, sans aucune idée dont il fût possible de tirer parti? » L'éloquent et consciencieux jeune homme ne voyait l'avenir qu'à travers les illusions dont se repaissait sa belle âme de poète. Il en était encore à rêver,

recréer ce que vous avez détruit ou laissé détruire. Vous avez posé les bases de cette constitution raisonnable, en assurant au peuple le droit de faire des lois, et de statuer sur l'impôt. L'anarchie anéantira ces droits eux-mêmes, si vous ne les mettez sous la garde d'un gouvernement actif et vigoureux, et le despotisme vous attend si vous ne le prévenez par la protection tutélaire de l'autorité royale.

» J'ai recueilli mes forces pour vous parler le langage austère de la vérité, pardonnez à mon zèle et à mon amour pour la patrie ce que mes remontrances peuvent avoir de trop libre, et croyez à des vœux ardents pour votre gloire, autant qu'à mon profond respect.

» *Signé*, GUILLAUME-THOMAS RAYNAL. »

Vingt membres de la partie gauche entourent la tribune, et se disputent la parole.

M. *Rœderer*. M. le président, je demande la parole contre vous.

M. *Robespierre*. J'ignore quelle impression a faite sur vos esprits la lettre dont vous venez d'entendre la lecture; quant à moi, l'assemblée ne m'a jamais paru autant au-dessus de ses ennemis qu'au moment où je l'ai vue écouter avec une tranquillité si expressive, la censure la plus véhémente de sa conduite et de la révolution qu'elle a faite. (La partie gauche et les tribunes applaudissent à plusieurs reprises.) Je ne sais, mais cette lettre me paraît instructive dans un sens bien différent de celui où elle a été faite. En effet, une réflexion m'a frappé pendant cette lecture. Cet homme célèbre qui, à côté de tant d'opinions qui furent accusées, jadis, de pécher par un excès d'exagération, a cependant publié des vérités utiles à la liberté; cet homme, depuis le commencement de la révolution, n'a point pris la plume pour éclairer ses concitoyens ni vous; et dans quel moment rompt-il le silence? dans le moment où les ennemis de la révolution réunissent leurs efforts pour l'arrêter dans son cours. (Les applaudissements recommencent.) Je suis bien éloigné de vouloir diriger la sévérité, je ne dis pas de l'assemblée, mais de l'opinion publique, sur un homme qui conserve un grand nom. Je trouve pour lui une excuse suffisante dans une circonstance qu'il vous a rappelée, je veux dire son grand âge. (On applaudit.)

avec Châteaubriand et quelques autres jeunes esprits d'élite, je ne sais quelle organisation sociale qui allait s'établir comme d'un coup de baguette et s'épanouir aux yeux de l'univers émerveillé sur les ruines du vieux monde. Le malheureux était loin de prévoir qu'en secouant la main qui voulait raffermir le sceptre tremblant du successeur de Louis XIV, il aiguisait la hache qui devait trancher l'auguste tête de son roi et la sienne propre. Mais poursuivons.

La Société patriotique de Marseille, qui avait placé dans la salle de ses réunions le buste de Raynal, transporta solennellement ce buste à l'Hôpital des fous. Camille Desmoulins, dans le n° 80 de son journal, représente cette burlesque cérémonie. Il porta la passion jusqu'à reproduire les passages les plus dégoûtants d'une lettre du futur et très digne beau-frère de Chabot, de Clootz, lettre insérée dans la chronique de Paris.

Le parti de la cour et du clergé chercha à donner le change sur le sens de la lettre de Raynal. On s'efforça de le faire passer pour un philosophe converti, pour un homme convaincu enfin que ses idées théoriques n'étaient pas applicables. Haï par ceux qu'il avait guidés ou suivis jusqu'au bord du précipice ; prôné quelque temps par un parti qu'il méprisait et qui nourrissait intérieurement contre lui une aversion profonde, Raynal disparaît insensiblement de la scène du monde et s'enfonce dans une obscurité à la faveur de laquelle il traversa, la vie sauve, les temps les plus critiques de la Révolution. La protection de son neveu, le conventionnel Camboulas (1), ne dut pas lui être inutile au milieu de ces orages qu'il avait en vain voulu détourner.

Lors du rétablissement de l'Institut, l'an IV, le Directoire nomma Raynal membre de l'Académie des sciences morales et politiques, pour la classe d'histoire ; mais il ne jouit pas longtemps de cet honneur. Il vivait retiré à Montlhéry et préparait une nouvelle édition de l'*Histoire philosophique*, à

---

(1) Frère de Rémi Camboulas, fait prisonnier en Amérique et rendu à la liberté par le ministre de la marine anglaise.

l'aide de nouveaux matériaux que le Directoire avait mis à sa disposition. Il n'eut pas le temps de terminer ce travail, ou tout au moins de le livrer à l'impression. Le 6 mars 1796, il fit un voyage à Chaillot, et y mourut chez un de ses amis, à 6 heures du soir, après avoir fait ses observations critiques sur un article du journal qu'on venait de lire devant lui. Il avait 85 ans moins cinq jours. Un accès de toux suffit pour chasser de ce corps usé par l'âge le faible souffle de vie qui l'animait encore. « Il passa en peu d'instants de l'état de vie et de pleine raison au sommeil de la mort! Il finit sans crise et presque sans altération, comme un flambeau qui s'éteint. »

Le 15 germinal, dans la première séance publique de l'Institut, Joachim Lebreton lut, en présence de quinze cents auditeurs, parmi lesquels les membres du Directoire en grand costume et tous les ambassadeurs étrangers, une notice sur la vie et les ouvrages de Raynal, de laquelle nous avons extrait les lignes ci-dessus.

Le jour de sa mort, sa fortune, presque énorme pour un homme de lettres, dont nous l'avons vu faire un si noble usage, s'était évanouie. On ne trouva chez lui, dit-on, qu'un assignat de cinq livres.

Il ne fit pas de testament (1).

Il avait disposé en faveur de la ville de Saint-Geniez du manuscrit de l'*Histoire philosophique*, sous la condition que le produit de la vente serait affecté au profit de l'hôpital (2).

X.

Il me reste : 1° à combler quelques lacunes, c'est-à-dire à rapporter quelques faits qui, d'après l'ordre chronologique, auraient dû trouver place plus haut; 2° à parler d'événe-

---

(1) D'après un renseignement que nous croyons digne de foi, Raynal aurait disposé de son vivant, en faveur de plusieurs de ses parents d'une somme totale d'environ 50,000 fr.

(2) Le manuscrit de l'*Histoire philosophique* fut vendu 16,000 fr.

ments dont la date est inconnue ; 3° à donner la liste des ouvrages anonymes qu'on a attribués à Raynal et à apprécier les raisons sur lesquelles on s'est fondé pour les lui attribuer ; 4° à faire connaître ses œuvres posthumes.

Parmi les lacunes qui déparent les chapitres précédents, il en est deux que je puis et que je vais combler.

La première est importante. L'éditeur de la première partie de la correspondance de Grimm assure que l'abbé Raynal fut le fondateur et, pendant trois années (1753-54-55), l'auteur unique de cette correspondance, qui avait pour objet de tenir au courant du mouvement général de la littérature française les princes et princesses lettrés du Nord, l'impératrice de Russie, la reine de Suède, le roi de Pologne, etc. Les articles émanés de sa plume forment la presque totalité du premier volume. Or, je n'ai pas parlé de cette production en son lieu et place, ce qui fait que mon travail est une chaîne rompue.

Raynal se démit, en 1756, du soin de cette correspondance en faveur de Grimm, qui s'associa plusieurs collaborateurs, la continua jusqu'en 1790, et s'en fit une arme contre l'abbé devenu son ennemi. Loin de moi la pensée d'analyser ce grand nombre de comptes-rendus d'ouvrages. Je me bornerai à dire qu'il y a, parmi eux, un traité dont le titre frappe ; il est intitulé : *Essai d'un Catéchisme à l'usage des enfants*, par l'abbé Raynal, et se trouve à la page 375. Cet *Essai* est en quinze articles qui résument assez exactement tous les devoirs que l'Encyclopédie respecta ou proclama. J'arrive à la deuxième omission.

En 1792, l'abbé Raynal et de Lally-Tolendal fils se rencontrèrent chez Malouet, leur ami commun. Celui-ci ayant prononcé le nom de Lally, Raynal s'écria avec transport : *M. de Lally ! M. de Lally !* puis s'élançant vers le comte : *Ah Monsieur !* poursuivit-il, *combien de fois j'ai désiré de vous rencontrer ; combien de fois j'ai formé le projet d'aller vous trouver sans jamais oser l'exécuter ! Vous m'avez traité sévèrement dans vos écrits ; je le méritais ; je vous ai blessé au cœur ; j'écrivais dans le camp de vos ennemis ; je ne vous avais pas lu ; quelle réparation vous faut-il?* M. de Lally, touché des regrets et de la franchise de Raynal, lui répondit qu'il serait plus que satisfait s'il avait la générosité de les publier un jour. L'abbé reprit avec vivacité : *C'est trop peu que des regrets, Monsieur, une amende honorable; je le répète, je la dois au père et au fils, elle ne me coûtera pas envers le héros de la nature devenu le héros de la patrie.* M. de Lally, prenant alors les mains de Raynal, lui dit d'une voix émue : « Monsieur, je ne sens plus, en ce moment, que la reconnaissance que je dois à l'homme de génie qui, le premier après Voltaire, a foudroyé l'arrêt meurtrier de mon père (1). Promettez-moi de rendre publiquement à son caractère la même justice que vous avez rendu à son innocence, et je vous jure, de tout mon cœur, autant d'amitié que vous m'avez, malgré moi, inspiré d'admiration. » Raynal promit solennellement. Cette anecdote est racontée par Lally-Tolendal lui-même, dans une lettre à Portalis.

J'arrive aux faits que l'ordre chronologique a exclus jusqu'ici. Raynal dota, à différentes époques, l'Académie française, l'Académie des inscriptions, l'Académie des sciences de Paris, et l'Académie de Lyon, chacune d'une rente annuelle de 1,200 livres. Cette dernière dotation devait faire les fonds d'un prix en faveur de l'ouvrage jugé le plus utile à l'humanité (2). Quant au but des trois autres, je ne saurais l'indiquer. L'écrivain qui rendit compte dans le *Moniteur*

---

(1) D'après un portrait tracé par Raynal à la page 452, t. Ier, de l'*Histoire philosophique* (édition de 1775), le caractère de ce général, sous le commandement duquel la France perdit ses possessions dans l'Inde, aurait été odieux ; mais l'auteur s'élève fortement contre l'arrêt inique qui le condamna.

(2) On lit dans la *Revue des Deux-Mondes*, livraison du 1er août 1844, p. 346, qu'en 1791, Daunou concourut pour un prix fondé à l'Académie de Lyon, par Raynal, sur le sujet suivant : « Quelles
» vérités et quels sentiments importe-t-il le plus d'inculquer aux
» hommes pour leur bonheur. »

« Daunou mérita le prix et Napoléon Bonaparte le premier accessit;
» mais les événements politiques empêchèrent cette distribution
» publique. »

de la séance de l'Institut, dans laquelle Lebreton lut la notice dont il a déjà été question, dit que l'abbé Raynal avait, en outre, mis à la disposition de l'Académie de Marseille une rente de 1,200 livres. Je crains que la religion du *Moniteur* n'ait cette fois été surprise. Lebreton, dont le Mémoire passa tout entier sous les yeux d'un petit-neveu de Raynal, ne parle nullement de cette cinquième dotation académique qui, si elle était vraie, n'aurait pas manqué de frapper l'attention de l'un ou de l'autre.

Les ouvrages à ma connaissance, dont la paternité contestée a quelquefois été attribuée à Raynal, sont : 1° *Les Mémoires de M*^{lle} *de Lenclos* ; 2° *Les Inconvénients du célibat des prêtres prouvés par des recherches historiques* ; mais Barbier a démontré que le premier était l'œuvre de Douxménil, et le second, de l'abbé Gaudin.

S'il faut en croire le même critique, qui fait autorité en pareille matière, Raynal aurait, en 1786, publié une introduction à l'*Histoire du Portugal*, dont Serieys, censeur du lycée de Cahors, aurait changé le titre, et qu'il aurait fait réimprimer, en 1805, comme un livre original et de sa composition.

Je passe sous silence quelques autres petits écrits de peu de valeur dont on a quelquefois fait honneur à Raynal, et j'arrive aux Œuvres posthumes.

Mais il convient de mentionner une brochure que Raynal fit imprimer à Londres, en 1782, en réponse à la censure faite par la Sorbonne de l'*Histoire philosophique*.

On a vu que Raynal fut surpris par la mort au moment où il travaillait à une nouvelle édition de l'*Histoire philosophique*. Le manuscrit en fut vendu, le 1er juin 1818, par le conseil municipal de Saint-Geniez, à M. Peuchet, qui le fit imprimer en 1820, avec deux volumes de supplément et une notice sur Raynal, due à M. Jay, de l'Académie française. Cette nouvelle édition est infiniment supérieure à toutes les autres. Elle est complétée par deux volumes authentiques qui n'ont vu le jour qu'en 1826, vendus également à M. Peuchet par la ville de Saint-Geniez. Ils forment l'*Histoire philosophique et politique des établissements et du commerce des Européens dans l'Afrique septentrionale*, et sont suivis d'un aperçu de l'état du commerce actuel de l'Europe avec cette partie du monde, et notamment avec les puissances barbaresques et la Grèce moderne, aperçu composé par l'éditeur.

On sait que Raynal travailla longtemps à l'*Histoire de la Révocation de l'édit de Nantes*. Cette histoire, il la mena à bonne fin. Il la regardait même comme un de ses meilleurs ouvrages, et la comptait pour quatre volumes dans l'édition complète de ses œuvres, édition qui n'est arrivée qu'au quatrième tome. « Mais le manuscrit n'existe plus, disait Lebreton ; j'ignore quelles considérations ont déterminé ce sacrifice ; jamais il ne s'ouvrait sur cet article, même avec ceux qui vivaient dans son intimité. » Ces paroles sont plus affirmatives qu'elles n'en ont l'air. Le voile qui couvre la pensée de celui qui les prononça est bien transparent. Lebreton était, sans aucun doute, convaincu que Raynal, craignant de fournir un nouvel aliment à l'incendie auquel il se reprochait déjà amèrement d'avoir contribué, détruisit lui-même ce fruit de tant de veilles, de tant de recherches ; sacrifice douloureux, qui dépasse les forces du vulgaire, et n'est malheureusement que trop vraisemblable, quand on songe à la lettre du 24 septembre 1790, mentionnée plus haut, et à la révolution qui s'était opérée dans les idées de l'auteur de l'*Histoire philosophique*.

D'après la notice manuscrite qui m'a été communiquée, aucun doute ne serait possible, et Raynal aurait jeté au feu son *Histoire de la Révocation de l'édit de Nantes*, *comme devenue inutile le jour où l'on rendit l'état civil aux protestants.*

XI.

Me voici enfin au terme de cette longue énumération et appréciation de faits et de livres. Raynal a-t-il trouvé en moi un juge impartial et éclairé? C'est aux lecteurs à répondre. Si cependant il m'était permis d'exprimer mon sentiment sur mon propre ouvrage, je dirais, que si l'ensemble de ce travail a un mérite, c'est celui d'être le moins incomplet, le plus épuré d'erreurs qui ait été fait sur l'homme supérieur que je me suis proposé de faire connaître, sous toutes ses faces, à la province qui devrait se glorifier plus qu'elle ne fait de lui avoir donné le jour.

Maintenant, si je porte mes regards sur la route que j'ai parcourue, sur la série d'événements dont j'ai tâché de mon mieux de trouver la place et de faire sentir la valeur, je remarque deux questions sur lesquelles je crois devoir revenir; deux points obscurs sur lesquels il importe de répandre une plus vive lumière.

Il n'est aucun de mes lecteurs qui n'ait été frappé du grand nombre de dotations académiques et de fondations philanthropiques de Raynal, et qui ne se soit demandé par quels moyens cet abbé avait acquis une si grande fortune. L'*Histoire philosophique* eut, il est vrai, un succès prodigieux; mais des sommes que cet ouvrage put rapporter à l'auteur, aux capitaux que tant et de si grandes libéralités impliquent, il y a loin. Cette question embarrassante pour moi, dont les ennemis de Raynal se sont prévalus pour faire peser sur sa mémoire des accusations graves, j'ai pris la liberté de la soumettre à un homme que l'Aveyron vénère, au respectable président d'âge (1) de la Chambre des députés, qui a beaucoup connu Raynal, et j'ai appris que ce dernier devait une grande partie de sa fortune à des spéculations commerciales. Son associé était *M. Grand-Clos-Melée*, négociant établi à Saint-Malo, qui avait obtenu du gouvernement, après la cessation de la Compagnie des Indes, un privilége pour ce genre de commerce : Raynal fut secondé dans cette industrie par ses trois neveux. — Nous voilà bien instruits du chemin par lequel vint la fortune de Raynal ; le sommes-nous de celui par lequel elle disparut?

On a dit vaguement et admis sans examen que les capitaux de l'abbé Raynal étaient devenus la proie des révolutionnaires, qui n'avaient pas pardonné à ce philosophe sa déser-

---

(1) Feu M. le baron de Nogaret, député de l'Aveyron, lorsque ce travail fut publié dans la *Revue de l'Aveyron et du Lot*.

tion scandaleuse. Sans doute Raynal a dû comme un autre, et si l'on veut plus que tout autre, subir les réquisitions des gouvernements révolutionnaires. Sans doute une fortune mobilière comme la sienne a dû souffrir de l'institution du papier monnaie ; mais de ces exactions, des pertes causées par la création des assignats à une ruine totale, à la réduction d'une fortune de plusieurs centaines de mille francs à un assignat de cinq livres, la distance est grande ! La Montagne aurait-elle envoyé des émissaires qui auraient emporté toute la fortune de Raynal ?

Mais cette violence aurait eu lieu un certain jour, à une certaine heure, d'une certaine manière, en un certain endroit. Or, qui connaît toutes ces circonstances ? Qui a reçu la confidence de la victime ? qu'on parle, qu'on s'explique ? Dira-t-on que la crainte a fermé la bouche à Raynal ? mais il a survécu à la Terreur ; il a vu luire les jours paisibles du Directoire ; il a pu sans inconvénient dévoiler un crime de Marat ou de Saint-Just. Cette révélation aurait à peine été aperçue au milieu de la réprobation universelle qui poursuivait les ombres de ces deux fanatiques. Ce crime serait-il aussi bien prouvé qu'il l'est peu, qu'on se demanderait encore comment Raynal, dont la vie a été, en partie, consacrée à l'étude des procédés par lesquels on tire de ses capitaux le parti le plus avantageux, a pu arriver à la résolution de mettre sous clef toute sa fortune et de l'enfermer dans un coffre fort, qui n'aurait coûté aux Montagnards d'autre peine que de le découvrir et de l'emporter. Lorsqu'on aurait résolu cette difficulté, un autre plus grave surgirait : Raynal avait, sur la fin de sa vie, formé le projet de constituer une rente annuelle de 600 fr. pour être appliquée à fournir de meilleurs outils aux ouvriers de son département, et de fonder une couronne de la valeur de 1,000 fr. pour être placée sur la tête de la jeune fille qui se serait le plus distinguée par sa bonne conduite. Qui n'a rien ne forme pas, s'il n'est fou, de pareils projets.

J'entends qu'on me dit : « Mais enfin cet or, à votre avis, qu'est-il devenu ? » Parmi les suppositions qui ont été faites à ce sujet, il en est une qui a de son côté la vraisemblance.

A l'âge où tout homme éprouve un pressant besoin de soins et d'égards continuels, l'abbé Raynal se laissa séduire par les prévenances d'une dame qui portait son nom. Il vécut avec elle à Monthéry, et n'eut pour elle rien de secret. L'on a pensé que les poches de cette femme, qu'on me passe l'expression, furent le chemin par lequel disparut toute la fortune de notre abbé, à l'exception, toutefois, du fameux assignat de cinq livres (1).

Le second point sur lequel j'ai voulu revenir, intéresse davantage la gloire de Raynal. J'ai à cœur, avant de poser la plume, de réduire à sa juste valeur une accusation étrange, souvent reproduite, dont j'ai déjà parlé, et qui consiste à prétendre que Raynal n'est pas le véritable, ou tout au moins l'unique auteur de l'*Histoire philosophique*. Certes, si les faits allégués en preuve étaient vrais, depuis longtemps déjà l'on m'aurait vu flétrir cette usurpation. C'est parce que la vérité m'est chère, c'est parce qu'elle est l'étoile qui guide ma plume, c'est enfin parce qu'à mes yeux il n'est rien qui mérite autant d'être juste que le jugement que l'on porte sur ceux qui ne sont plus, c'est pour tout cela que je ne crains pas de dire, après mûr examen, aux auteurs de l'accusation que je combats : « Vous êtes des calomniateurs ! » et à ceux qui répètent ces calomnies : « Vous déshonorez, vous profanez le noble et sacré ministère d'écrivain ! » Les premiers ont en leur faveur la faible excuse de leurs passions : les derniers portent avec insouciance, et comme en se jouant, atteinte au bien le plus grand de tous, à l'honneur et à la gloire.

On n'a pas oublié que Dieudonné Thiébault et Grimm mirent en avant que Diderot est l'auteur d'un tiers de l'*Histoire philosophique* : que Naigeon, Pechméja, Deleyre, etc.,

---

(1) Une personne, qui est en position d'être bien informée, a fourni, en 1865, à l'auteur de cette biographie le renseignement suivant qui vient à l'appui de la conjecture de 1837 :

« Raynal avait disposé de tous ses biens qui étaient réalisés et de
» tous ses objets précieux en faveur d'une dame qui passait pour sa
» fille, et qui mourut elle-même, il y a environ trente ans, laissant
» une assez grande somme aux hôpitaux de Paris. »

en ont composé d'autres parties. On sait enfin qu'on a été jusqu'à soutenir que Raynal ne fut qu'un véritable chef d'entreprise, que tout son mérite consista à avoir payé et choisi d'habiles ouvriers. Comment prouve-t-on tout cela? Voici les deux pricipaux arguments : 1° Mme Vandeul, fille de Diderot, posséda un exemplaire de la première édition de l'*Histoire philosophique*, dans lequel les pages appartenant à son illustre père sont notées de sa propre main ; 2° Diderot eut soin de faire reconnaître pardevant notaire la véritable filiation des fragments qui lui appartenaient. Il ne manque à ces preuves, pour être probantes, qu'une petite condition ; c'est d'être prouvées elles-mêmes. C'est à la solidité de la base que l'on reconnaît la solidité de l'édifice.

Clootz est le premier qui ait parlé d'acte notarié sur lequel, du reste, il ne donne aucun renseignement. Je rougirais de discuter avec Clootz. J'aborde donc immédiatement la première preuve. Si, parmi les écrivains philosophes du dernier siècle, il était quelqu'un qu'il fût possible de faire passer pour collaborateur de Raynal, ce fut Diderot. Ce sont dans les deux écrivains le même élan, la même largeur, la même fécondité d'idées, la même fraîcheur, la même vivacité, la même abondance de sentiments. On savait que ce philosophe encyclopédiste mettait assez volontiers son génie au service d'autrui. Loin de moi la pensée de révoquer en doute la sincérité de Diderot ; si l'on me démontre qu'il a réclamé la paternité du tiers de l'*Histoire philosophique*, je pose à l'instant la plume et je m'avoue vaincu. Mais qu'on me prouve la vérité de cette réclamation ? — Je vais démontrer, moi, qu'elle n'a pas eu lieu. Je change de rôle : tout à l'heure je défendais, maintenant je suis agresseur.

Naigeon fut chargé, par Diderot mourant, du soin de donner une édition complète de ses œuvres. Cette édition nous la possédons, et ce serait en vain qu'on y chercherait une ligne extraite de l'*Histoire philosophique*. Il y a plus : l'éditeur a composé un volume entier in-8° sur la vie et les ouvrages de Diderot, et j'affirme qu'il n'y est nullement question de cette prétendue coopération de Diderot. Naigeon, si cette coopération avait été vraie, n'aurait guère pu la passer sous silence, entraîné qu'il aurait été par cette belle occasion de réclamer modestement, sous forme de digression, la part que de tout côté on lui attribuait dans ce même ouvrage. M'opposera-t-on que Naigeon n'a pas voulu affliger la vieillesse d'un ami? Mais son premier devoir était envers celui qui l'avait chargé, à son lit de mort, du soin de sa gloire. J'ai, en outre, peine à croire à l'amitié de Naigeon pour notre abbé. Naigeon était bien l'athée le plus déterminé qu'on ait encore vu. Celui qui osa proposer à son Académie de décréter que le nom de *Dieu* ne pût plus être prononcé à l'Institut, celui-là ne devait guère sympathiser avec l'auteur de l'*Histoire philosophique* revenu aux idées sages, aux croyances religieuses dont il n'avait jamais fait une abjuration complète.

L'exemplaire de Mme Vandeul est la preuve par excellence, celle qu'on a fait sonner le plus haut. Ma réfutation ne sera pas si retentissante. Mme Vandeul a écrit de sa propre main des Mémoires sur la vie et les ouvrages de son père. Ces Mémoires ont vu le jour en 1830, et je défie qu'on m'y fasse lire le nom de Raynal. Si cependant Diderot avait eu une si grande part à l'*Histoire philosophique*, l'amour filial et la justice ne faisaient-ils pas à cette dame un devoir de mentionner une production si célèbre? Cette omission est d'autant plus invraisemblable que les Mémoires en question précèdent quatre volumes d'œuvres posthumes, lesquelles œuvres ne sont pour la plupart que des écrits courts et d'une assez faible importance. Tout est donc faux et chimérique dans l'assertion que je combats. Si j'ai un regret, en terminant, c'est que mes paroles manquent d'autorité et d'écho pour qu'on sache, pour qu'on croie qu'on a été injuste envers Raynal, et que l'on s'empresse d'effacer la tache imprimée à sa gloire.

XII.

Quelles conclusions placer au bout de ce travail biographique? Je me bornerai à quelques courtes réflexions. — S'il fallait apprécier l'abbé Raynal comme prêtre, il n'y aurait qu'à s'incliner et à se taire. Mais Raynal doit surtout être considéré comme écrivain et comme homme politique.

Or, il résulte, si nous ne nous trompons, de cette biographie, qu'à ce double point de vue, il occupa, dans son siècle, une plus grande place, joua un rôle plus considérable qu'on ne le suppose généralement, même dans son pays auquel, cependant, il donna des preuves réitérées d'attachement. — Sa vie privée ne fut pas toujours pure; mais quelle âme vive, impressionnable n'eut pas quelques faiblesses, vivant dans un milieu comme la société française du dernier siècle? — Son caractère eut, dit-on, des travers; mais quel caractère n'en a pas? — Ses ouvrages ont fait du mal, beaucoup de mal : oui, puisqu'ils ont affaibli la foi et énervé le pouvoir royal; mais ils ont aussi fait du bien, et beaucoup de bien, puisqu'ils ont puissamment contribué à éteindre le fanatisme, qui ne fut pas, l'histoire l'atteste, une passion chimérique rêvée par la philosophie, et qu'ils ont, en outre, hâté l'application des grands principes sur lesquels repose le majestueux et solide édifice des sociétés modernes. — Il méconnut, dit-on, à la fin de ses jours, l'importance de son œuvre et la vérité de ses principes. Cela est-il bien démontré? Quel esprit est, après tout, sans limites? quel cœur n'a pas perdu un peu de sa chaleur au bout de quatre-vingts hivers? Si quelqu'un eût prouvé à Raynal, à sa dernière heure, que l'anarchie qu'il déplorait et qu'il regardait comme une expérience funeste de l'application de ses idées, n'était qu'une crise sociale, qu'un instant dans la durée; que la société se posait sur une base plus ferme et plus large, sur laquelle devaient s'épanouir les bienfaits de la doctrine qu'il avait prêchée avec courage et conviction; si en même temps on lui eût démontré que le jour n'était pas loin où le jeune officier Corse, qui lui était si bien connu, allait déployer assez de génie pour faire, tout en restant fidèle aux principes de la Révolution française, de la France languissante, dont les forces semblaient avoir été épuisées dans les convulsions de l'anarchie, l'état le plus compacte, le mieux discipliné, le plus craint, le plus puissant et le plus glorieux du monde; si quelqu'un, à une pareille heure, eût annoncé cela à Raynal, il aurait désavoué ses prétendus désaveux, aurait éprouvé une dernière émotion de l'enthousiasme et se serait endormi dans les bras de la mort, content de lui-même et du digne usage qu'il avait fait de ses hautes et de ses rares facultés.

B. LUNET.

Annexe à la Biographie de l'abbé Raynal.

NOTICE BIBLIOGRAPHIQUE (1).

Histoire du Parlement d'Angleterre, 1re édition, 1748, Londres, 1 vol. in-12. — 2e édition, 1751, 1 vol. in-8°.

Histoire du Stathoudérat depuis son origine, 1re édition, Lahaye (Paris), 1748, 1 vol. in-12. — 2e édition, Amsterdam, 1749, par Rousset, 1 vol. in-12. — 3e édition, en 1750, Paris, chez Baudouin. (L'auteur profita de notes dont Rousset avait enrichi l'édition d'Amsterdam). — Édition de 1819, publiée à Paris sous le nom de Louis Bonaparte.

Mémorial de Paris et de ses environs, par l'abbé Antonini, augmenté, 1848, 2 vol. in-12.

Rédaction du *Mercure de France* ; il a dû être chargé de cette rédaction en 1749 ou en 1750. (On a vu que Raynal obtint une pension viagère de 3,000 livres sur cette feuille lorsqu'il en quitta la rédaction).

---

(1) Les éléments de cette notice bibliographique ont été, pour la plupart, empruntés aux articles consacrés à Raynal, par Brunet et par Quérard.

Anecdotes historiques, militaires et politiques de l'Europe, Amsterdam, Arkstée, 1753 et 1763, 3 vol., petit in-8°. — Réimpression du même ouvrage sous le titre de *Mémoires historiques, militaires et politiques de l'Europe,* 1754 et 1774, 3 vol., anonyme. — Le même ouvrage avec un volume d'introduction, Amsterdam, 1754, 4 vol., petit in-8°.

L'Histoire du divorce de Henri VIII a été extraite des *Mémoires* et publiée séparément :

En 1763, Paris, Durand, 1 vol. in-12 ;
En 1766,   id.   Id.
En 1773, Amsterdam,   Id.

Anecdotes littéraires ou *l'Histoire de ce qui est arrivé de plus singulier et de plus intéressant aux écrivains français depuis le renouvellement des lettres, sous François Ier, jusqu'à nos jours,* 1re édition, Paris, Durand, 2 vol. in-12. — 2e édition augmentée, Lahaye, Gosse, 1756, 4 vol, in-12 (1). — 3e édition sous un titre modifié, Paris, Durand, 1761, 4 vol. in-12.

Ecole militaire, Paris, Durand, 1762, 3 vol. in-12 ; ouvrage publié par ordre du Gouvernement.

Correspondance de Grimm ; les trois premiers volumes années 1753, 1754 et 1755.

Les matériaux composant ces trois volumes qui ouvrent la correspondance ont été attribués exclusivement à Raynal par l'éditeur de la première édition de la correspondance et par la *Biographie universelle* de Michaud. Cette opinion a été combattue par Suard, dans un article du *Journal de l'Empire,* du 4 octobre 1813. Il est incontestable que Raynal

---

(1) La biographie qui précède ne mentionne pas cette publication que l'auteur n'a pas connue. Cet ouvrage a été aussi attribué à l'abbé Irailh.

a été, durant les premières années, sinon le seul auteur, du moins l'un des collaborateurs les plus actifs de cette correspondance qui forme 16 vol. in-8°, et a été publiée à Paris, 1812-1813. Ce Recueil commence en 1753 et finit en 1790.

Histoire philosophique et politique des établissements et du commerce des Européens dans les Deux-Indes, 1re édition, 1770, Amsterdam, anonyme, 4 vol.

Plusieurs autres éditions à l'étranger, sans nom d'auteur, notamment celles publiées :

En 1770, à Amsterdam, 6 vol. in-8°;
En 1772, à Amsterdam, 7 vol. in-8°;
En 1774, à Amsterdam, 7 vol. in-8°;
En 1774, à Lahaye, 7 vol. in-8°;
En 1775, à Genève, 3 vol. in-4°, avec un volume d'atlas. Le nom et le portrait de l'auteur sont en tête du 1er volume. L'édition de 1780 n'est donc pas la première sur laquelle l'auteur a inscrit son nom. Le frontispice contient une gravure représentant un roi qui conduit la charrue devant ses sujets assemblés. On y lit, dans une légende : « C'est le père du peuple qui, la main appesantie sur le soc, montre à ses enfants les trésors de l'Etat. » La bibliothèque de Rodez possède un exemplaire de cette édition, ainsi qu'un exemplaire de celle de 1780, en 5 volumes ;

En 1775, à Lahaye, 6 vol. in-8°;
En 1775, à Maestricht, 6 vol. in-8°;
En 1776, à Genève, 7 vol. in-8°.
En 1780, Genève, Pellet, 5 vol. in-4°, dont un de planches, ou 10 vol. in-8° et atlas in-4°;
En 1780-1781, Genève, 10 vol. in-12.
En 1783, Genève, 10 vol. in-8°;
En 1784, Lausanne, 11 vol. in-8°;
En 1785, Neufchâtel, 10 vol. in-8°.

Edition revue et corrigée, par un magistrat, Avignon, 1787, 8 vol. in-8°;

An VI (1798), Paris, 22 vol. in-18.

Edition de Peuchet, 1820-1821, 12 vol. in-8°, ornée de 10 gravures et accompagnée d'un atlas in-4°.

Fragments détachés de l'*Histoire philosophique* et publiés séparément, savoir :

Tableau et Révolutions des colonies anglaises dans l'Amérique septentrionale, Amsterdam, 1781, 2 vol. in-12;

Essai sur l'administration de Saint-Domingue, 1785, 1 vol. in-8°;

Esprit de Raynal, ouvrage anonyme, proscrit en 1777.

Articles insérés dans le *Conservateur* en 1787.

ŒUVRES POSTHUMES.

Histoire philosophique et politique des établissements et du commerce des Européens dans l'Afrique, 1826, Peuchet, 2 vol. in-8°.

Réponse à la censure de la faculté de théologie de Paris contre l'Histoire philosophique (1), Londres, 1782, in-8°.

Introduction à l'Histoire du Portugal, 1786.

Lettre à l'Assemblée nationale, 1791, Paris, in-8°, 26 pages.

B. L.

---

(1) L'auteur de la biographie n'a pas apprécié cette production dont il n'a pu se procurer aucun exemplaire.

www.ingramcontent.com/pod-product-compliance
Lightning Source LLC
LaVergne TN
LVHW051506090426
835512LV00010B/2364